[英] 杰基·斯诺登
[英] 汉娜·韦斯特莱克 编著
高志武 译

NAPOLEON
THE RISE AND FALL OF
A REVOLUTIONARY
EMPEROR

拿破仑
成功的革命者
失败的征服者

中国画报出版社·北京

图书在版编目（CIP）数据

拿破仑 / (英) 杰基·斯诺登, (英) 汉娜·韦斯特
莱克编著；高志武译. -- 北京：中国画报出版社，
2021.3

（萤火虫书系）

书名原文：Napoleon: the Rise and Fall of a
Revolutionary Emperor

ISBN 978-7-5146-1999-7

Ⅰ.①拿… Ⅱ.①杰… ②汉… ③高… Ⅲ.①拿破仑
(Napoleon, Bonaparte 1769-1821) - 传记 Ⅳ.
①K835.655.2

中国版本图书馆CIP数据核字(2021)第030966号

All About History: Napoleon

Articles in this issue are translated or reproduced from All About History: Napoleon, Second Edition and are the
copyright of or licensed to Future Publishing Limited, a Future plc group company, UK 2019.

著作权合同登记号：图字01-2021-0469

拿破仑

[英] 杰基·斯诺登，[英] 汉娜·韦斯特莱克 编著　高志武 译

出 版 人：于九涛
责任编辑：赵世明
审　　校：崔学森
责任印制：焦　洋
营销主管：穆　爽

出版发行：中国画报出版社
地　　址：中国北京市海淀区车公庄西路33号　邮编：100048
发 行 部：010-68469781　010-68414683（传真）
总编室兼传真：010-88417359　版权部：010-88417359

开　　本：16开（787mm×1092mm）
印　　张：13.25
字　　数：160千字
版　　次：2021年4月第1版　2021年4月第1次印刷
印　　刷：北京汇瑞嘉合文化发展有限公司
书　　号：ISBN 978-7-5146-1999-7
定　　价：66.00元

拿破仑

拿破仑——一代革命帝王的浮沉

1769 年，拿破仑·波拿巴出生在地中海的科西嘉岛上，他的父母从没想过他将对这个世界造成何等冲击。他从一个名不见经传的炮兵军官成为法国皇帝，他指挥的大军所向披靡，使法国成为欧洲大陆的霸主，又倏然从峰顶跌落，被流放到大洋中的荒僻小岛。

没有几个历史人物能像拿破仑这样魅力四射又充满争议。在一些人眼中，他是改革家和解放者，为法国大革命后动荡的社会建立了现代化制度，还将革命的新气象带到了整个欧洲；而在另一些人眼中，他是暴君和侵略者，为了满足一己的权欲让上百万人流血牺牲，比他所取代的君主还要残酷无情。

拿破仑从平民到帝王的历程跌宕起伏，人们无论仰慕他还是鄙视他，都很难不对他的故事心驰神往。本书将讲述拿破仑·波拿巴如何成为一位传奇的征服者，讲述他所取得的重大军事胜利和遭受的毁灭性打击。本书也介绍了拿破仑的个人生活及其政治生涯中的一些重要人物，包括令拿破仑痴狂的约瑟芬皇后，拿破仑手下的将军们，以及他的知名对手。此外，书中审视了拿破仑在治理国家方面的一系列重大举措，及其留下的宝贵精神遗产。

目录

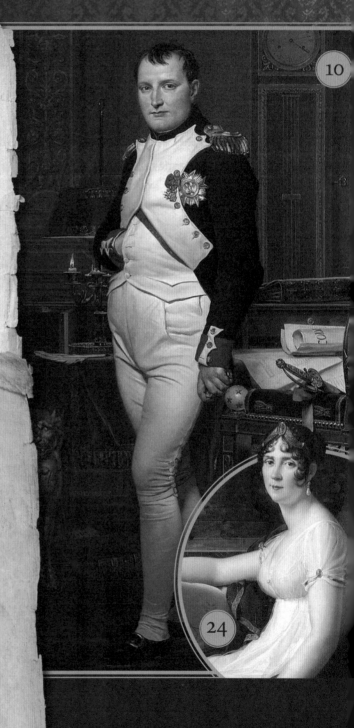

拿破仑的衰落

拿破仑的崛起

拿破仑的崛起

波拿巴家族

拿破仑的家族构建了一个统治法兰西帝国的强大王朝。

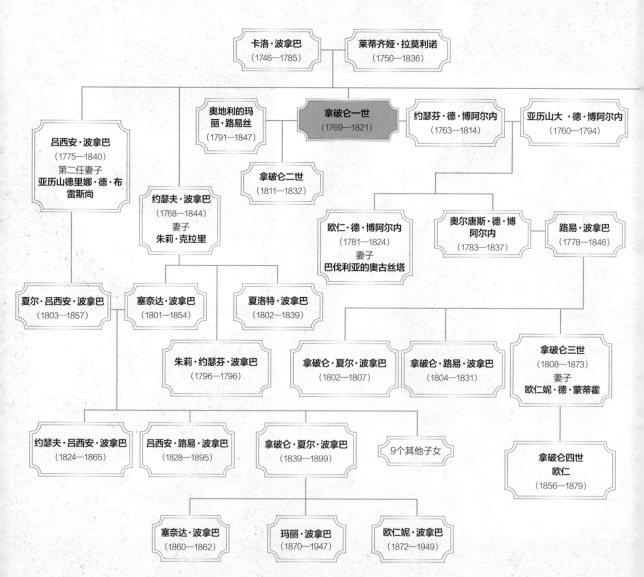

卡洛·波拿巴（1746—1785）

莱蒂齐娅·拉莫利诺（1750—1836）

奥地利的玛丽·路易丝（1791—1847）

拿破仑一世（1769—1821）

约瑟芬·德·博阿尔内（1763—1814）

亚历山大·德·博阿尔内（1760—1794）

吕西安·波拿巴（1775—1840）
第二任妻子
亚历山德里娜·德·布雷斯尚

拿破仑二世（1811—1832）

约瑟夫·波拿巴（1768—1844）
妻子
朱莉·克拉里

欧仁·德·博阿尔内（1781—1824）
妻子
巴伐利亚的奥古丝塔

奥尔唐斯·德·博阿尔内（1783—1837）

路易·波拿巴（1778—1846）

夏尔·吕西安·波拿巴（1803—1857）

塞奈达·波拿巴（1801—1854）

夏洛特·波拿巴（1802—1839）

朱莉·约瑟芬·波拿巴（1796—1796）

拿破仑·夏尔·波拿巴（1802—1807）

拿破仑·路易·波拿巴（1804—1831）

拿破仑三世（1808—1873）
妻子
欧仁妮·德·蒙蒂霍

约瑟夫·吕西安·波拿巴（1824—1865）

吕西安·路易·波拿巴（1828—1895）

拿破仑·夏尔·波拿巴（1839—1899）

9个其他子女

拿破仑四世
欧仁（1856—1879）

塞奈达·波拿巴（1860—1862）

玛丽·波拿巴（1870—1947）

欧仁妮·波拿巴（1872—1949）

▲ 拿破仑和他家族中的孩子在一起，坐在他膝头的是未来的拿破仑三世

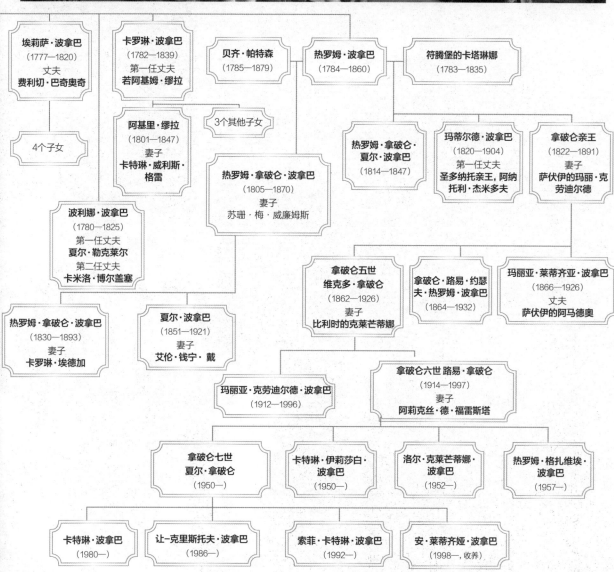

埃莉萨·波拿巴
（1777—1820）
丈夫
费利切·巴奇奥奇

卡罗琳·波拿巴
（1782—1839）
第一任丈夫
若阿基姆·缪拉

贝齐·帕特森
（1785—1879）

热罗姆·波拿巴
（1784—1860）

符腾堡的卡塔琳娜
（1783—1835）

4个子女

阿基里·缪拉
（1801—1847）
妻子
卡特琳·威利斯·格雷

3个其他子女

热罗姆·拿破仑·夏尔·波拿巴
（1814—1847）

玛蒂尔德·波拿巴
（1820—1904）
第一任丈夫
圣多纳托亲王，阿纳托利·杰米多夫

拿破仑亲王
（1822—1891）
妻子
萨伏伊的玛丽·克劳迪尔德

热罗姆·拿破仑·波拿巴
（1805—1870）
妻子
苏珊·梅·威廉姆斯

波利娜·波拿巴
（1780—1825）
第一任丈夫
夏尔·勒克莱尔
第二任丈夫
卡米洛·博尔盖塞

拿破仑五世
维克多·拿破仑
（1862—1926）
妻子
比利时的克莱芒蒂娜

拿破仑·路易·约瑟夫·热罗姆·波拿巴
（1864—1932）

玛丽亚·莱蒂齐亚·波拿巴
（1866—1926）
丈夫
萨伏伊的阿马德奥

热罗姆·拿破仑·波拿巴
（1830—1893）
妻子
卡罗琳·埃德加

夏尔·波拿巴
（1851—1921）
妻子
艾伦·钱宁·戴

拿破仑六世 路易·拿破仑
（1914—1997）
妻子
阿莉克丝·德·福雷斯塔

玛丽亚·克劳迪尔德·波拿巴
（1912—1996）

拿破仑七世
夏尔·拿破仑
（1950—）

卡特琳·伊莉莎白·波拿巴
（1950—）

洛尔·克莱芒蒂娜·波拿巴
（1952—）

热罗姆·格扎维埃·波拿巴
（1957—）

卡特琳·波拿巴
（1980—）

让-克里斯托夫·波拿巴
（1986—）

索菲·卡特琳·波拿巴
（1992—）

安·莱蒂齐娅·波拿巴
（1998—，收养）

冉冉升起的新星

一个生于科西嘉岛、默默无闻的军官平步青云，
成为一位伟大的征服者及法国皇帝。

迈克尔·哈斯丘 / 文

▲ 在画家雅克-路易·大卫的油画中，拿破仑在皇帝加冕典礼上将王冠高高举起

拿破仑·波拿巴曾经言简意赅地说道："我碰巧在地上发现法国的王冠，就用剑尖挑了起来。"他的叙述是如此轻描淡写。也许拿破仑是19世纪白手起家者中最卓越的代表人物，他的的确从默默无闻中崛起，穿越政治权谋的迷津，一跃成为他所处时代的一流军事家、战略家和征服者，并登上了法国皇帝的宝座。

拿破仑登上令人眩目的权力巅峰的历程一直令人着迷，那是一条超乎寻常，乃至有些奇幻的曲线，这条线在世界历史舞台上游走了三十多年，至今仍对世界产生着影响。拿破仑与许多伟人一样，是那个动荡时代和政治大变局的受益者。他幸运地获得了远超普通民众的教育，而他也拥有无穷的智慧与建功立业的雄心。

1769年8月15日，拿破仑出生在科西嘉岛首府阿雅克肖。就在一年前，热那亚王国把科西嘉岛割让给了法国。要是拿破仑早生几个月，就会是一名意大利人而不是法国公民了。

拿破仑的双亲出身于低等贵族。他的父亲卡洛·波拿巴（Carlo Buonaparte）曾担任法王路易十六派驻该岛的宫廷代表，他的母亲莱蒂齐娅·拉莫利诺（Letizia Ramolino）是一个律己极严的人，对小拿破仑的生活影响最大。他出生的时候叫纳波莱奥内·迪·波拿巴，直到二十几岁时，他才把自己的名字改作更接近法语的拼写和发音：拿破仑·波拿巴。

拿破仑是家里7个孩子中第2个未在婴儿期夭折的孩子。在他之前有一个男孩和一个女孩早

天，他还有一个哥哥叫约瑟夫。1779年初，拿破仑和约瑟夫在父亲的陪伴下来到法国城市欧坦，在一所天主教学校求学，他自此便踏上了通往凡尔赛宫的权力之路。

贵族家庭里的次子要到部队里谋求发展是当时社会的惯例。拿破仑来到欧坦仅4个月之后，就被布列讷堡的军事学院录取，之后的4年他将在那里学习，父亲尽其所能为他争取到了保障学业的奖学金。科西嘉语是他的第一语言，在这里的学校中他学会了法语。

从布列讷堡军事学院毕业后，拿破仑进入一所位于首都巴黎的精英军事学院——皇家军校学习。1875年2月父亲的突然离世导致家庭经济拮据，也给拿破仑继续求学带来危机。然而，拿破仑展现出的许多与生俱来的人格特质支撑他咬牙坚持，而这些特质对他的未来发展大有裨益。他专注、坚韧、自律，拥有超凡的精力。尽管他喜欢独处，但也在皇家军校结交了诸多好友。他心思缜密，善于谋划，但很少为考试之类的事情劳心费神。

起初，拿破仑想成为一名海军军官，但他的数学天赋又使他转向了炮兵。由于经济原因，他仅用一年就完成了学校的两年学业，不过成绩平平，在58名毕业生中仅列第42位。

拿破仑是第一位从久负盛名的皇家军校毕业的科西嘉人，16岁就被委任为法国炮兵团的二等中尉。但由于他的社会地位较低，晋升的前景相当渺茫。法国波旁王朝僵化的阶级结构是官兵晋

"3万名法国人拥上我们的海岸，自由的王座淹没在血腥的浪涛之中。这样令人憎恶的场景就是我来到世上的第一印象。"

▶ 身处权力巅峰的法国皇帝拿破仑站在杜乐丽宫的书房里

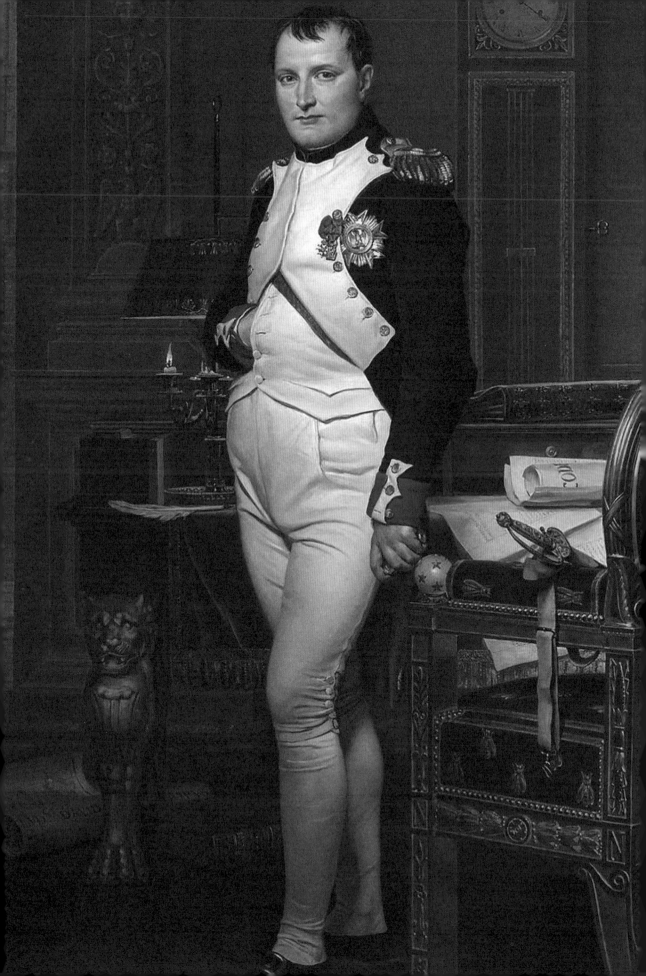

升的极大阻碍。

法国大革命的火花初现燎原之势时，拿破仑已经在欧索讷法军炮兵学校完成了进修。而后他被派往法国西南部的瓦朗斯，但那里没有什么与军事相关的活动。于是他把大量时间用来读书和研究时局，涉猎了大量历史、地理和哲学书籍。

后来拿破仑向部队请了为期两年的长假，去巴黎游历并返回故乡科西嘉岛。毋庸置疑，他已经敏锐地注意到法国当时出现的政治动荡。法国人口中的贫困工人阶层，特别是那些生活在主要城市的工人阶层，对锦衣玉食的贵族阶层贪得无厌的剥削失望透顶，愤懑不平；而那些贵族却高高在上，对普通老百姓不屑一顾。

爱国情结、政治与机遇

因为身处法国贵族阶层边缘，拿破仑的职业发展明显受限，其个人遭遇、持之以恒的自我学习以及对故乡的深切依恋，在这个年轻军官心中形成了一种特有的科西嘉民族主义情结。1789

"法国大革命为一位足智多谋、能言善辩、雄心勃勃、动力十足的年轻军官打开了一扇门，使其闯出一条通往权力之路。"

拿破仑与教会

尽管拿破仑·波拿巴认为罗马天主教会更偏向奥地利的天主教王朝而不是法国的革命政府，但他从未反对过教会，还认同其在社会结构中的重要作用。拿破仑一出生便受洗为天主教徒，终其一生都是天主教徒，临终前接受了教会的最后圣礼。无论拿破仑率领军队走到哪里，都展现出务实和包容，尊重不同的宗教习俗，并允许当地居民沿袭旧俗，不加干涉。

尽管如此，拿破仑个人的宗教观点似乎仍有些自相矛盾。他在欲壑难平的野心驱使下，通过武力赢得了一个帝国。但据说在生命的后期，他非常敬仰耶稣基督，因为耶稣凭借广布爱与救赎的福音深刻影响了世界历史进程。虽然他是天主教徒，但他也曾说过："所有宗教都是人类创造的。"因此，拿破仑很可能将宗教自由视为进一步控制大众的手段，从而有助于实现建立超级帝国的终极目标。

然而，对于拿破仑是培养了人民对上帝的真正信仰，还是仅仅利用他与天主教的血脉相融来推动自己的征服进程，学者们仍莫衷一是。

▶ 教皇庇护七世1800年至1823年在位，见证了拿破仑加冕法国皇帝的仪式

年5月，在他即将年满20岁时，拿破仑成为科西嘉独立斗争坚定热诚的支持者，向科西嘉人民大会执行委员会主席帕斯夸莱·保利写了一封激情澎湃的信。

拿破仑写道："我生在国家灭亡之际，3万名法国人拥上我们的海岸，自由的王座淹没在血腥的浪涛之中。这样令人憎恶的场景就是我来到世上的第一印象。"

当月，法国人民的不满情绪在暴力革命中爆发。中产阶级在巴黎组建国民公会，公开对抗法国君主制、贵族制以及罗马天主教会的统治。数周之内，一伙愤怒的暴民捣毁了巴黎的巴士底狱，囚犯被放出牢房，内乱迅速蔓延。

与此同时，拿破仑在科西嘉岛卷入了派系冲突。民族主义者、激进分子和保皇党人激烈争夺该岛的控制权。拿破仑曾支持科西嘉独立，但这位年轻军官并不同意保利的政见，开始倾向于奉行民主的雅各宾派。而保利仍主张彻底与法国断绝关系。

1792年，法国君主制被推翻，法国宣布成为共和国。尽管拿破仑长期脱离部队，并且在科西嘉岛实际领导了针对法国军队的暴力示威活动，但还是被晋升为法军上尉。于是他返回自己所属的驻尼斯城团。1793年6月，即国王路易十六在巴黎革命广场被公开处决的6个月之后，整个波拿巴家族逃离家园，在法国本土定居。

法国大革命为一位足智多谋、能言善辩、雄心勃勃、动力十足的年轻军官打开了一扇门，使其闯出一条通往权力之路。雅各宾派煽动"恐怖统治"，意在将被革命、反革命和街头骚乱破坏的国家牢牢控制起来，但这也造成许多贵族阶层的高级军官退出法国军队。此外，波旁王朝的瓦解对欧洲其他君主国家的安全与稳定造成了威胁。

金字塔之战

1798年7月21日，与穆拉德贝伊和易卜拉欣贝伊指挥的马穆鲁克部队作战前，拿破仑为了鼓舞士气，咆哮着说："冲啊！记住，4000年的历史正从纪念碑那边轻蔑地看着你们。"法军金字塔之战获胜的战场与那些旷古奇迹仅几英里之遥，与开罗同样相距不远。拿破仑使埃及暂时臣服于法国，尽管战争最终以灾难的结局告终。

战斗中，拿破仑采取了有效的战场战术应对马穆鲁克的精锐骑兵部队。他的法国士兵组建了步兵方阵，用密集的步枪和刺刀组成牢固的防线，迎击冲锋的马穆鲁克骑兵。

在大炮的掩护下，他们击退了马穆鲁克部队的多次冲锋，同时还击退了针对一支法国独立部队的攻击。法军只有29人战死，260人受伤，而马穆鲁克部队的伤亡据信超过了3000人。

尽管拿破仑取得了一边倒的胜利，但他建立中东帝国的希望还是破灭了，因为10天后英国皇家海军在尼罗河之战中击败了他的舰队。

▲ 画家弗朗索瓦-路易-约瑟夫·瓦托再现的金字塔之战场景，古埃及金字塔在红色的天空下若隐若现

当恐惧不断折磨着欧洲大陆统治者们的心灵时，对法国革命政府采取军事行动似乎顺理成章，他们要恢复波旁王朝对法国的统治，平息法国的动荡，镇压已经变得非常棘手的政治和社会变革观念。

1792年，第一次反法同盟，即由奥地利、英国、普鲁士、俄国和其他国家组成的松散联盟，向法兰西第一共和国发动了战争。法军经验丰富的高级军事指挥官屈指可数，大部分士兵训练不足，军纪涣散，毫无作战经验，急需力挽狂澜的治军之才。形势对拿破仑的脱颖而出越来越有利。

1793年夏天，这位年轻的炮兵上尉被派往地中海沿岸的土伦。一支强大的英国舰队驶入海港，以支持保皇党同情者起义，并有效地保障地面部队掌控这座城市。在土伦战役中，这位法军炮兵上尉负伤。

安托万·萨利切蒂是派驻土伦军队的政委，他恰好也是科西嘉人，是波拿巴家族的朋友。拿破仑借助他的影响升任土伦炮兵指挥官。

同时，拿破仑的上级指挥官却显得软弱无能。尽管土伦名义上的指挥官让·巴蒂斯特·弗朗索瓦·卡尔托将军提出抗议，但因为拿破仑与萨利切蒂的友谊以及与包括大权在握的奥古斯

▲ 拿破仑的部队控制了土伦港周围的高地，1793年12月英国陆军和战舰撤离

"10月5日，愤怒的保皇派暴民接近杜乐丽宫，拿破仑没有退缩，命令部队开火。短短几分钟内，多达1400名保皇党人横尸街头。"

丁·罗伯斯庇尔（Augustin Robespierre）在内的巴黎公安委员会的联系，当局默许了这位年轻炮兵司令官对土伦军事行动的掌控。

9月，拿破仑晋升为少校。他凭借自己对战局的敏锐判断，写信给巴黎当局的领导人，声称他在土伦的上级是"一群傻瓜"。拿破仑认为，将英国舰队赶出港口的关键在于控制附近的高地及勒吉耶特和巴拉吉耶两个要塞。那里居高临下，敌军战舰在法军枪炮射程之内，将被迫撤离港口。

卡尔托将军同意拿破仑的策略，但坚持保留在高地上对英国阵地进攻的最高指挥权，从而造成这次攻击毫无创见且劳而无功。第一轮攻击失败后，波拿巴干脆接管了关键职位的控制权。仅几天工夫，拿破仑就建好炮台，轰炸了英军的防御工事。12月16日，他又发动了一轮强攻。

战斗中，拿破仑的大腿被严重刺伤。但是，作战目标已经达成，敌军舰队从土伦港撤出。拿破仑因此广受赞誉，获得当局嘉奖，仅24岁就被破格晋升为准将。

雅各宾派、危机与胜利

1794年春天，拿破仑被擢升为意大利方面军炮兵部队司令，在意大利北部山区对奥地利和撒丁王国作战。拿破仑策划了一次反攻，在4月的索尔吉奥战役中最终击败第一次反法同盟，取得决定性胜利。随着整个战役的胜利，奥地利人和撒丁人于随后的5月被迫与法国人缔结城下之盟。

然而巴黎的政局持续动荡不安。1794年7月雅各宾派在热月政变中迅速下台，"恐怖统治"

▲ 拿破仑的父亲卡洛·波拿巴在法国国王路易十六的朝廷中担任驻科西嘉岛代表

▲ 这幅肖像描绘了还是一名年轻中校的拿破仑，当时他担任一个科西嘉志愿兵营的指挥官

▲ 1799年11月9日政变期间，拿破仑站在国民议会混乱的人群中

时期的核心人物马克西米利安·罗伯斯庇尔被送上断头台，同时受刑的还有他的兄弟奥古斯丁，而奥古斯丁是拿破仑的朋友和支持者。当时身在尼斯的拿破仑大概因为与罗伯斯庇尔兄弟及其他雅各宾派人物的关联被软禁。据说他在软禁期间写了一封信，请求国民公会对他朋友萨利切蒂的案件宽大处理，后者最终被无罪释放，逃过了断头台。

关于拿破仑被监禁的情况，众说纷纭。有人断言他仅被软禁两个星期；另一些人则说，他被关押了几个月并受审，但法庭并未发现他有任何罪行。据说，那些审判者对他的赫赫战功印象深刻。1795年，拿破仑称病不出，避免指挥步兵在旺代地区与保皇党人作战（因为那对炮兵军官而言显然是降级）。后来他返回巴黎被派往测绘局工作。

土伦战役的功勋使拿破仑成为民族英雄，但他与雅各宾派的政治联系以及对指挥旺代战役的

《拿破仑法典》

1804年，《拿破仑法典》在拿破仑一世统治期间制定，旨在将法国大革命时期形成的诸多原则纳入法律。受查士丁尼的古罗马法影响，《拿破仑法典》分为四部分，涉及人身、财产、财产取得以及民事诉讼程序。它有效地用标准化体系取代了法国各地形形色色的封建法律，保证了人人平等，主张个人有权从事任何职业并确保宗教自由。封建和皇室法律体系往往通过豁免、特例裁决或特权偏向一方，其漫长的历史到此宣告终结。

《拿破仑法典》与法国和欧洲大部分地区先前法律的适用方式明显不同，其中阐明了法律的权威，对法官施加了特定的限制。该法典的影响力延伸到法国以外，进入拿破仑征服的土地，被一些欧洲国家正式采用，其中包括意大利、荷兰、波兰、西班牙和葡萄牙。早在1793年，该法典便已开始起草，并试行多年，但其立法工作直到1799年拿破仑在执政府掌权后才得到全力推进。

CODE CIVIL

DES FRANÇAIS.

TITRE PRÉLIMINAIRE.

DE LA PUBLICATION, DES EFFETS ET DE L'APPLICATION DES LOIS EN GÉNÉRAL.

Décrété le 14 Ventôse an XI.
Promulgué le 24 du même mois.

ARTICLE 1.er

LES lois sont exécutoires dans tout le territoire français, en vertu de la promulgation qui en est faite par le PREMIER CONSUL.

Elles seront exécutées dans chaque partie de la République, du moment où la promulgation en pourra être connue.

La promulgation faite par le PREMIER CONSUL sera réputée connue dans le département où siégera le Gouvernement, un jour après celui de la promulgation ; et dans chacun des autres départemens, après l'expiration du même délai, augmenté d'autant de jours qu'il y aura de fois dix myriamètres [environ vingt lieues anciennes] entre la ville où la

A

▲ 1804年版《拿破仑法典》的第一页介绍该法典为法国的民法典

> "因为从未远离战场，拿破仑获得了'小下士'的昵称，同时他也赢得了部队的钦佩和忠诚，并博得了法国人民的赞誉。"

婉拒，使他的声誉和事业受到损害。他因财务困境而烦心，又被军方解除了现役。

命运在这个科西嘉人雄心勃勃的奋斗生涯中似乎再一次伸出了援手。1795年10月3日，成百上千的巴黎保皇党人走上街头，意图冲进杜乐丽宫，因为脆弱的国民公会和督政府就躲在里面。策划热月政变的主要成员保罗·巴拉斯（Paul Barras）记起拿破仑在土伦的战功，任命这位名誉扫地的将军负责杜乐丽宫的防御。拿破仑毫不犹豫地抓住这个天赐良机，命令年轻的骑兵军官若阿基姆·缪拉（Joachim Murat）为即将到来的战斗集结部队和大炮。

10月5日，愤怒的保皇派暴民接近杜乐丽宫，拿破仑没有退缩，命令部队开火。短短几分钟内，多达1400名保皇党人横尸街头。英国历史学家托马斯·卡莱尔评价说，千钧一发之际，"一通子弹"扭转乾坤。

拿破仑与忠诚无畏的缪拉赢得了国民公会和督政府的谢忱，后来缪拉成了他的一名高级指挥官。很快，拿破仑被任命为国内军司令，并统率意大利方面军。同时，他开始与贵族寡妇约瑟芬·德·博阿尔内暗通款曲。约瑟芬曾是巴拉斯的情妇，她的丈夫在"恐怖统治"期间被推上了断头台。5个月后，拿破仑和约瑟芬结婚。

他们的蜜月很短暂。1796年3月11日，夫妻俩结婚两天后，拿破仑动身接掌意大利方面军。意大利方面军是一支很少有人看好的战斗部队，部队装备简陋，许多士兵没有制服，甚至没有像样的军裤。尽管如此，拿破仑仍表现出超凡的运筹帷幄之能，在意大利对奥地利军队发动闪电进攻。疾风骤雨般的军事行动使敌人疲于奔命，短短两周之内，奥地利的盟军皮德蒙特（Piedmont）部队就被击败。

1797年1月，拿破仑一口气取得四场胜利，最后一场里沃利（Rivoli）之战的胜利是决定性的，奥地利在那里伤亡了14000人。当时奥军在意大利的阵地难以维系，拿破仑大胆派出一支突击队北上直捣奥军老巢。1797年3月，法军在塔尔维西奥（Tarvisio）战役中击败奥军，威胁其首都维也纳。奥地利人提出和平提议，10月中旬与法国签署了《坎波福尔米奥条约》（Treaty of Campo Formio），将北意大利大部和低地国家①割让给了法国。

拿破仑对奥地利的绝妙一击导致第一次反法同盟土崩瓦解。《坎波福尔米奥条约》签订之后，只有英国仍有实力与法军抗衡。虽然第二次反法同盟将很快形成并对这位法国指挥官发起挑战，但他的军事天才现在已在战场上得到证明。因为拿破仑从未远离过战场，获得了"小下士"的绰号，同时他也赢得了部队的钦佩和忠诚，博得了法国人民的赞誉。

但与此同时，他却经常自作主张，不经巴黎政府的授权而自行对敌谈判。在此过程中，他坚定了自己把握命运脉搏的信念。巴黎政客对他的

---

① 低地国家是对欧洲西北沿海地区的称呼，广义上包括荷兰、比利时、卢森堡，以及法国北部与德国西部；狭义上则仅指荷兰、比利时、卢森堡三国。——译者注

成功感到眼花缭乱，开始对这位指挥着强大军队笃定前进的将军小心提防。

当英国仍与法国针锋相对时，拿破仑设计了一个充满风险却最终可能实现全面胜利的大胆攻击计划。他经过分析后认为，对埃及的征服是威胁英国在印度利益的踏脚石。一旦法军在中东站稳脚跟，并与穆斯林统治者结成反英联盟，就会对敌人造成致命打击。

1798年初，拿破仑确实成功侵入了埃及，但法国海军却无法实现对地中海的控制。8月，尼罗河之战中，法国海军惨败于霍拉肖·纳尔逊勋爵率领的英国皇家海军。此后，法国军队在中东孤立无援，更没有安全的补给线。1799年，法军围攻阿卡（Acre）失败，结束了对叙利亚为期两个月的进攻，从奥斯曼帝国防御的城市撤退。

拿破仑的军队在埃及战败并最终向英国投降时，拿破仑收到一个消息，巴黎的政治动荡再次升温。作为机会主义者，他任由部队受人宰割，自己悄悄渡过地中海，参与推翻督政府的密谋，并夺取了法国政权。

攫取王冠和帝国的密谋

拿破仑对埃及形势的误判使战役走向失败，而所谓第二反法同盟在欧洲的攻势对法国也很不利。很多在意大利夺取的领土在近几个月内丧失殆尽，军事上的败退导致督政府的民众支持度锐减。

1799年10月，当拿破仑到达巴黎时，军事局势已经稳定下来，但法国实际上已经破产。显然，政府危如累卵，处在崩溃边缘。督政府下令拿破仑返回法国保卫国家，抵抗入侵，不过他在命令到达之前就离开了埃及。从本质上说，拿破仑已经擅离职守，但督政府太虚弱了，已无力施

以任何惩罚。

尽管在埃及战败，拿破仑在法国人民中仍然享有很高的声望。发动政变的时机到了，同谋者中也包括几名督政府成员，他们要求拿破仑参与进来。1799年11月9日，同谋者推翻了督政府，这场政变按照法国大革命历法，被称为"雾月十八日政变"。

取代督政府的新政府被称作执政府，这个说法参照的是罗马共和国。两位前督政府成员埃马纽埃尔·约瑟夫·西哀士（Emmanuel Joseph Sieyès）和皮埃尔-罗歇·迪科（Pierre-Roger Ducos）与军事雄才拿破仑一道成为执政官。然而一如既往，拿破仑对共治型政府毫无兴致，仅仅几个星期，西哀士和迪科的影响力便烟消云散。尽管新政府仍披着共和国的外衣，但拿破仑第一执政官的角色是至高无上的。

尽管拿破仑巩固了对法国统治，只是以操纵投票的方式对大革命之后形成的代议制政府和政治理想略表形式上的遵从，但他实际上正面临着非常现实的外部威胁。他急于统揽全局，以便采取军事行动，对抗第二次反法同盟。

拿破仑再次向盘踞在意大利的奥地利人挺进。1800年6月14日的马伦戈（Marengo）战役中，奥地利的突袭几乎使拿破仑的军队遭遇惨败。奥地利部队总司令米夏埃尔·冯·梅拉斯撕开了法国防线，但错误地命令无能的下属追击撤退的法军。实际上，法国人执行的是战术性撤退。下午晚些时候，拿破仑集结部队，进行了一次成功的反击，击败了奥地利人，也使他在巴黎的政治权力合法化进程更进一步。拿破仑得胜归来，回到首都，与奥地利达成了一项协议，将意大利北部、荷兰和大莱茵河左岸的土地纳入法国治下。

1802年，经典的军事对峙形势形成了：英国皇家海军统治公海，拿破仑的法军主导陆地。

"尽管在埃及战败，拿破仑在法国人民中仍然享有很高的声望。"

1802年3月25日，两国签署《亚眠条约》，互相保证克制。经过近10年无休止的战争，整个欧洲大陆出现了短暂而脆弱的和平。

同年，拿破仑呼吁举行全民公投，批准法国新宪法，确定执政府为永久的执政实体。全民公投显示出人民的压倒性支持，拿破仑成为终身第一执政官。曾有一段时间，拿破仑有机会治理法国管辖的附庸国家，解决困扰日耳曼公国和自由市多年的领土争端。拿破仑通过给予日耳曼王公贵族更多的土地，得到他们的效忠，借此削弱了罗马天主教会的影响。他认为，罗马天主教会对革命的法国多多少少怀有敌意。1803年，拿破仑为了填补枯竭的国库，将北美广阔的路易斯安那领地以1500万美元的价格卖给了美国。这笔交易使这个年轻国家的面积翻了一倍，每英亩的价格还不到3美分。

同时，《亚眠条约》维系的脆弱和平被打破。1803年春，英国再次向法国宣战。第三次反法同盟逐渐形成，最终包括英国、俄国、瑞典、神圣罗马帝国、那不勒斯和西西里王国在内，它们与法国及其海外领地剑拔弩张。随后的拿破仑战争将蹂躏欧洲直至1815年。

拿破仑仍试图在法国获得绝对权力，他警告说波旁王朝的复辟势力正跃跃欲试，并利用真真假假的暗杀未遂阴谋博取法国人民的同情。最后，他堂而皇之地宣布自己为法国皇帝，独揽大权。

1804年12月2日星期日，在巴黎圣母院内，从逆境中崛起的拿破仑·波拿巴最终登上权力的巅峰，加冕为皇帝拿破仑一世。拿破仑戴着黄金皇冠，让人浮想联翩，古罗马的恺撒大帝犹在眼前。教皇庇护七世并没有为皇帝加冕，他只是一个旁观者。拿破仑只需自己确保自己命运的实现，无须任何权威加持。

背叛拿破仑的
约瑟芬皇后

拿破仑·波拿巴第一任妻子的风流韵事。

梅拉妮·克莱格 / 文

在约瑟芬成为风光无限的法国皇后之后，她总喜欢讲一个故事，这个故事颇为玄妙：她年轻时如何拜访了一位睿智的克里奥尔①女人，那个女人预言她有朝一日会"比女王还要高贵"。约瑟芬本是穷困潦倒的种植园主的长女，这样的预言对年轻时的她来说简直荒唐可笑。但作为拿破仑一世集万千宠爱于一身的妻子，这个故事只是波拿巴神话的一部分，进一步强化了这样的观念：他们的平步青云不仅依靠天赋和机遇，更是命运之神的垂青。

1763年6月23日，玛丽·约瑟夫·罗丝·塔舍·德·拉·帕热里出生在马提尼克岛的莱特鲁瓦西莱（Les Trois-Îlets）。她和两个妹妹本应随心所欲，穿着漂亮的连衣裙，逛逛舞会，嫁个富裕的种植园主，过上期望中的优渥生活。但是，由于一系列糟糕的商业决策和

自然灾害，塔舍·德·拉·帕热里家族一直处于财务崩溃的边缘，他们在岛上享有的上层社会地位岌岌可危，甚至有永久失去的危险。约瑟芬的姨妈德茜蕾几年前逃亡到巴黎，据传成为拉·费尔泰·博阿尔内侯爵的情妇，这使家族的未来更加扑朔迷离。事实证明，这对马提尼克岛的塔舍·德·拉·帕热里家族来说反而是个幸运的转机。因为德茜蕾的情人正开始四处为他的小儿子亚历山大·德·博阿尔内（Alexandre de Beauharnais）子爵寻觅佳偶，她可以把情人的目光引向她的三个外甥女。

起初二女儿卡特琳是幸运的准新娘，可她福浅命薄，出嫁前不久死于肺结核。1779年秋天，姐姐玛丽·约瑟夫，即人们口中的罗丝匆匆代替妹妹动身前往巴黎，开启了新的人生篇章。尽管亚历山大对16岁新娘不谙世事的模样毫不动

---

① 克里奥尔人，指出生在拉丁美洲的白人后裔。——编者注

> **"他们整日调情、打牌、闲聊、玩耍，有时还假扮法官和陪审团进行审判。"**

心，但他无法违抗父命，罗丝到达巴黎后不久，这对年轻的夫妇正式结婚。

虽然一开始新婚丈夫对罗丝不屑一顾，但罗丝出于自身的善良本性以及对丈夫的一往情深，竭尽全力使婚姻实至名归。丈夫似乎一度也很珍视这种状态，用心经营夫妻关系，但这并不足以保持他的兴致。新博阿尔内子爵夫人还是无法像她丈夫所钟情的成熟的交际花那样久经世故、八面玲珑。丈夫很快又故态重萌，带着那些不伦的情人混迹在凡尔赛的各种舞会上。

▲ 《法兰西皇后》，弗朗索瓦·热拉尔画于1801年

事实上，罗丝已经被丈夫抛弃了，她被排斥在他轻浮的生活方式之外，但仍努力去适应巴黎的新生活。1781年9月，她的儿子欧仁出生，紧接着女儿奥尔唐斯于1783年4月出生，她用心寻找生活的幸福点滴。然而，奥尔唐斯的出生比预产期提前了几周，给罗丝带来了更多的困扰。她丈夫亚历山大的情妇用婴儿的早产来使他相信，奥尔唐斯不可能是他的女儿，因为妻子显然不是和他在一起的时候怀孕的。亚历山大来到马提尼克岛，怂恿他妻子的老仆人和朋友对她的流言蜚语大肆添油加醋，更是让夫妻关系的破裂不可挽回，回到法国不久他们便分道扬镳。

尽管内心极其挣扎，罗丝还是做出了分居的决定，她在蓬特蒙特修道院安顿下来，开始了新生活。众所周知，该修道院是贵妇陷入困境时的静修之所，是巴黎最昂贵、最时尚的寄宿学校。罗丝起初对自己所处的不确定局面感到恐慌，但很快就被其他几位同病相怜的女士拉拢过去。在她们温言软语的鼓励下，罗丝最终化茧成蝶，变成一位优雅时尚、老于世故的巴黎贵妇，而这正是疏离她的丈夫曾一直期待的样子。她的克里奥尔人出身对她大有裨益，这赋予了她令人耳目一新的文雅和极富魅力的谈吐，使男人们无法抗拒。但是，她也得竭尽全力掩盖自己实际上一文不名的事实。

然而，法国大革命爆发之初，罗丝和她分居的丈夫一起受到牵连。虽然她丈夫成功就任国民公会主席，但他的贵族出身从未被完全遗忘，招致新近强势而极端的雅各宾派政客的高度怀疑。1794年初，他因没能守住美因茨而被控叛国罪，一返回巴黎即被监禁。罗丝为他的获释进行申辩（未获成功）之后，她的身世背景以及与众多知名保皇党人的交往引起了关注，随后因此被捕入狱。

博阿尔内夫妇比较幸运，因为他们被关押

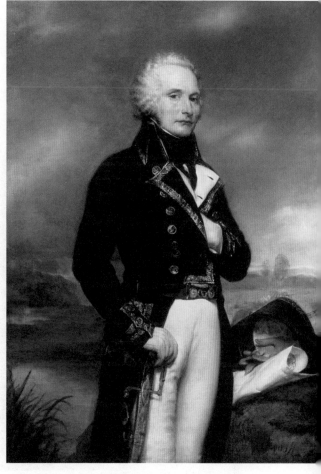

▲ 约瑟芬的第一任丈夫，亚历山大-弗朗索瓦-马里·博阿尔内子爵

的卡姆斯监狱是"恐怖统治"期间巴黎较为宽松的拘留场所之一。他们整天都在调情、打牌、闲聊、玩耍，有时还假扮法官和陪审团进行审判，莫名其妙地宣判自己"死刑"。除了听起来有点让人毛骨悚然，这完全是无害的娱乐活动，但对罗丝来说，这却是现实的预演。1794年7月，亚历山大被带到更为可怕的巴黎地方法院监狱进行审判，几天后被送上断头台。

"恐怖统治"期间，通常对已婚夫妇一起进行审判和处决，罗丝在接下来的几天里处于一种绝望的恐惧状态，她深信自己也将被送上断头台。若不是亚历山大·德·博阿尔内被处决的5

天后罗伯斯庇尔及其追随者们被推翻，"恐怖统治"戛然而止，她可能也会身首异处。

罗丝在她的挚友——臭名昭著的贵族美女泰雷扎·卡巴吕的斡旋下，很快从卡姆斯获释。她所熟悉的"恐怖统治"之前的巴黎城已经消失无踪，她面对的是一个全新的世界：旧贵族被新兴的资产阶级所取代，政治代替八卦成了人们的谈资。尽管大家事实上都曾因"恐怖统治"的暴政失去过亲朋，但巴黎的氛围一点也不沉闷。人们生活节奏很快，举止轻浮，精神亢奋，每个人都大手大脚地花钱，纵情声色，庆幸自己还活着。

作为交际花塔利安夫人的挚友，罗丝发现自己渴望参加一切最时尚的社交聚会，英俊、悲情的博阿尔内子爵遗孀的身份（尽管已经分居）赋予了她迷人的光环，助她打开贵族之门。具有讽刺意味的是，这道门在子爵生前从未对她敞开过。罗丝现在三十岁出头，对镇上每一个衣着光鲜、举止轻佻的女人洞察秋毫，然而用有限的手段来维持自己的风光却是一种压力。她还有两个孩子要养育，还有一大笔善款要捐助，所有这些都会耗尽她的微薄收入。无疑她很享受自己的独立性，但越发迫切的是，她必须再找到一位丈夫，才能使她维持已经习以为常的生活方式，并为自己的孩子找到依靠。

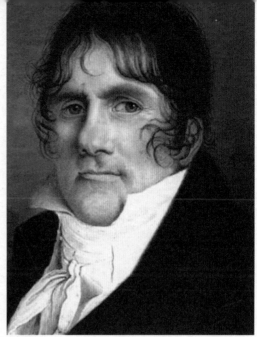

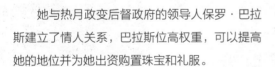
▲ 罗丝曾经的情人保罗·巴拉斯为她和她未来的丈夫牵线搭桥
◄ 法国上诉法院，罗丝第一任丈夫亚历山大被处决前与罗丝被关押在此

需要一个父亲。拿破仑看似面黄肌瘦、身材矮小且木讷愚钝，其实他很有才华，已被任命为国内军司令。拿破仑害羞少言，缺乏与女性周旋的经验，而光彩照人的罗丝·德·博阿尔内简直是女性魅力的化身。事实上只有她注意到了拿破仑，而其他人则完全忽略了他，这令拿破仑对她的热情大大增加了。

对罗丝而言，拿破仑令人好笑，只会让她分分神，完全不是她中意的那种男人。他太过粗鄙无礼，无法真正令她倾心，但他的唐突直率反而使她忍俊不禁，他强烈的爱慕之情也是毫不掩饰的。目前尚不清楚罗丝究竟何时第一次邀请她的最新追求者共赴床笫之欢，但大概是在他们第一次见面后不久便发生了，这对情侣很快就第一次互换了情书。罗丝在情书中向爱人保证说她已经"温柔地"爱上了他，并责骂他没有经常去探望。他在回信中也保证："没有人像我那样渴望得到你的友情。"也正是在这个时候，拿破仑形成了改变女友名字的习惯，他决定开始称呼罗丝为约瑟芬，此后这个名字伴随了她的一生，并闻名于世。

她与热月政变后督政府的领导人保罗·巴拉斯建立了情人关系，巴拉斯位高权重，可以提高她的地位并为她出资购置珠宝和礼服。

1795年秋天的一个傍晚，巴拉斯带着他的最新门生——一位雄心勃勃的、名叫拿破仑·波拿巴的科西嘉年轻军官，到尚特雷纳大街的罗丝家参加聚会。之后，巴拉斯声称一直有意在情妇和波拿巴之间做一点牵线搭桥的工作，他认为他们可以建立互惠互利的关系。

土里土气、不善交际的拿破仑需要一个门路进入泰雷扎·塔利安颇具影响力的上流社会圈子，而罗丝迫切需要一个丈夫，她的两个孩子也

▲ 这张图片选自《生活》图集，描绘了拿破仑在与一位女士共舞，该女士极可能是约瑟芬

"她把即将到来的婚姻视作一场交易。"

随着时间的流逝，拿破仑越来越迷恋约瑟芬。这开始从他的信中的话语里流露出来。"我一醒来便满世界都是你，你的容颜和昨夜醉人的欢愉让我魂牵梦绕。甜美绝伦的约瑟芬，你对我的心施了怎样奇妙的魔法啊……我的灵魂被忧伤所折磨，我对你的爱永不停歇……三个小时后，我要再次见到你。吻你一千遍，我亲密的爱人，直到相见！不要拒绝，我的热血已经点燃。"没过多久他便开始考虑婚事，这并不足为奇。毕竟，她不仅外表和举止都堪称完美，而且是他跻身有影响的贵族圈子的切入点，没有她就没有希望。

然而，可以预见的是，约瑟芬不太愿意接受这个求婚者的承诺。巴拉斯和泰雷扎必须说服她认清他们结合的好处，即这将为她提供她所需的安全感。她还得为她的孩子考虑：欧仁和奥尔唐斯正值青春期，教育费用和为未来生活做准备的费用急剧增加，她已经顾此失彼，疲于应付。

欧仁渴望像父亲那样去参军，而波拿巴可以提供帮助。奥尔唐斯注定要择佳偶完婚，她必须接受良好的教育和准备漂亮的嫁妆。如果她的孩子不喜欢拿破仑，约瑟芬便很可能动摇，但她的两个孩子都很喜欢他，并很感激他的嘘寒问暖。

1796年1月，这对情侣订婚，欣喜若狂的波拿巴用一个镶嵌了钻石与蓝宝石的精美订婚戒指表达了爱意。他们的朋友都笑逐颜开，但新订婚的约瑟芬不但不开心，还向泰雷扎和巴拉斯明确表示，她把即将到来的婚姻视作一场交易，她甚至在婚礼当天有可能与拿破仑也只是安安静静地各梦周公，她没有理由为一个自己不爱的男人而

▲ 拿破仑送给约瑟芬的镶嵌了钻石与蓝宝石的订婚戒指

大大改变生活方式。她对未婚夫缺乏情感上的依恋，这在那年3月她为婚礼制订的简单计划中便露出端倪，那计划完全是敷衍了事。

3月9日晚，约瑟芬在前情人巴拉斯、好友塔利安夫妇和她的公证人卡尔梅莱特的陪同下，前往安廷街的市政厅。她身着朴素的白色礼服，典雅简约，三色饰带束在腰间，上面别着拿破仑赠送的结婚礼物，是一枚金牌，上面刻着"感谢命运"的字样。双方的家人都没有出席仪式，新郎则晚到了三个小时。他满脑子想的都是动身去意大利前的准备工作，以至于完全失去了时间概念。正如约瑟芬即将发现的那样，这种专注自

拿破仑的婚外情

拿破仑一直到死都对约瑟芬关怀备至，甚至1810年与她离婚并再娶玛丽·路易丝女大公后也是如此，但他仍然与其他妇女暗通款曲。他坚持认为，无论妻子对这件事的感受如何，他的地位都赋予了他随心所欲的权利。当然，他的许多风流韵事都淹没在历史的尘烟里，但他最主要几个情妇的名字仍然为人熟知，其中包括贵族、歌剧演唱家、随军家属、女演员，甚至有传言说，他的亲妹妹波利娜·博尔盖塞公爵夫人也是他的情妇。

波利娜·弗雷斯
（1778—1869）

她是一名低级军官的妻子，她丈夫参加过拿破仑讳莫如深的埃及之战。她因丈夫被征召而中断蜜月，便穿着男性制服逃过检查随了军。1798年，拿破仑得知约瑟芬的最新绯闻之后，她引起了拿破仑的注意。出于报复心理，拿破仑将她收为情妇，安置在开罗的豪宅里，并鼓动同僚称她为"克娄巴特拉"（埃及艳后）。

朱塞平娜·格拉西尼
（1773—1850）

格拉西尼是欧洲最著名、最受欢迎的歌剧歌手之一，1800年拿破仑访问米兰时成功勾到她。他们的恋情短暂而热烈，而后她把拿破仑抛在一边，投入另一个男人的怀抱，即与她同台演出的小提琴师皮埃尔·罗德。在后来的几年中，她将与拿破仑的主要敌手威灵顿勋爵一起逃亡。如今她作为当时最伟大的歌手之一为历史铭记。

卡特琳-约瑟芬·迪谢努瓦
（1777—1835）

迪谢努瓦是当时最成功的女演员之一，也是著名的国家大剧院的常客，1802年她首次亮相演出。拿破仑听说了她在拉辛的悲剧《费德尔》中的出色表演，几天后，拿破仑便观看了她的一场演出，并为她所吸引。后来她在与女演员乔治小姐的竞争中落于下风，与拿破仑短暂的婚外情便告结束。

玛格丽特·乔治
（1787—1867）

她成为拿破仑情妇时，比她的竞争对手迪谢努瓦小姐名气更大，甚至现在人们也认为她是法国有史以来最伟大的舞台剧女演员之一。1802年至1804年，她与拿破仑保持着热恋关系，而后分道扬镳。后来她又成了威灵顿公爵和沙皇亚历山大一世的情妇，并在1814年与沙皇生育了一个女儿叫玛丽亚。

玛丽亚·瓦莱夫斯卡
（1786—1817）

一位嫁了年老丈夫[1]的美丽波兰贵妇。1806年，拿破仑征服波兰后，试图博得她的欢心，但她却视而不见。她丈夫认为，接受征服者的追求以软化征服者对波兰人民的态度是她的爱国义务。玛丽亚最初不愿低头臣服，但她最终还是爱上了拿破仑。1810年，她跟随拿破仑到巴黎后，为拿破仑生下一个儿子叫亚历山大。

埃莱奥诺尔·德努艾拉
（1787—1868）

埃莱奥诺尔是通过拿破仑的妹妹卡洛琳引起拿破仑注意的，当时卡洛琳正下定决心拆散拿破仑与约瑟芬的婚姻。卡洛琳希望年轻的情妇可以怀孕，以表明她哥哥自己有能力生育继承人。埃莱奥诺尔怀孕并生下儿子莱昂，卡洛琳非常高兴。这促使拿破仑决定与约瑟芬离婚，以便为帝国生育合法的继承人。

阿尔比娜·德·蒙托隆
（1779—1848）

阿尔比娜是法国将军德·蒙托隆侯爵的妻子。德·蒙托隆侯爵是拿破仑的狂热追随者，滑铁卢战役之后跟随自己热爱的皇帝流亡到圣赫勒拿岛。阿尔比娜随他们同行。大概在圣赫勒拿岛期间，阿尔比娜成为拿破仑的最后一位知名的情妇。她的女儿拿破仑妮·埃莱娜生于1816年6月，很可能是拿破仑的孩子，但拿破仑从来没有承认过这个女儿。

---

① 即库洛纳－瓦莱夫斯基伯爵，是波兰末代国王的内侍大臣。——译者注

巴黎的她寄去饱含激情的信，毫不迟疑地告诉她，他想对她做些什么，乞求约瑟芬爱他，让他安心，不断强烈地暗示，希望约瑟芬能与他团聚。拿破仑对约瑟芬一片痴情，近乎神魂颠倒，几个世纪后依然令人动容。

然而，妻子对他频繁的示爱视若无睹，只是回复一些敷衍的话。约瑟芬从来都不是一位特别出色的写信人。尽管她很乐意向朋友大声朗读丈夫的情书，但她发现丈夫的深情比那些阿谀奉承更令她心神不宁。除此之外，她还爱上了别人——一个年轻英俊的轻骑兵军官，名叫伊波利特·夏尔——是他，而不是她的丈夫，收到了她的香艳情书。

约瑟芬彻底爱上了夏尔，她享受着作为意大利征服者妻子带来的种种福利，却无视丈夫日益迫切与她团聚的请求。就在他威胁要么自杀，要么返回巴黎时，政府高层劝说约瑟芬为了国家的利益动身去意大利。6月，她才无奈地乘车前往意大利，竟由夏尔陪伴同行。

据目击者称："她哭得好像要去受刑，而不是去意大利做个高高在上的统治者。"虽然有拿破仑的长兄约瑟夫随行，他们仍把旅程拖得很缓慢，以便有充足的时间避开旁人卿卿我我，暗度陈仓。最终他们在离开巴黎18天后到达米兰。夏尔立即前往布雷西亚的司令部，约瑟芬则终于自己和丈夫在一起了。

我、无视时间的特质就是她新丈夫性格的主要特征。

在市长助理的主持下，他们不到15分钟就完成了结婚仪式，而市长本人早就出门去寻花问柳了。他们随后赶往位于尚特雷纳大街的约瑟芬家，约瑟芬钟爱的宠物哈巴狗福蒂内竟拒绝这外来的男人进入约瑟芬的卧室。夫妻俩简单地度了个蜜月，拿破仑就动身前往意大利。因为巴拉斯从中运作，拿破仑在婚礼前几天被擢升为意大利方面军的统帅。几乎可以肯定，这归因于他的才干，但还是有人嘀咕：这一定是巴拉斯试图让拿破仑接手约瑟芬而贿赂拿破仑的结果——这样的说法对任何一方来说都不是什么好话。

拿破仑对约瑟芬日思夜想。他不断地给远在

约瑟芬与夏尔的恋情在她逗留意大利的整个旅程中一直持续着，拿破仑离开部队时，这对恋人便抓住一切可能的机会缠绵。尽管约瑟芬曾那么不情愿去意大利，但对她来说在意大利度过的时光却是一段极其令人愉悦的幸福记忆；白天她享受着意大利人民的称颂和赞美，夜晚则与情人在美丽的宫殿中浪漫幽会。约瑟芬贵族式的自信和优雅的举止曾令拿破仑目眩神迷，这种高贵端庄现在又在她招待当地政要，参加以她的名义举办的宴会和舞会时展现出来，使她显得格外重要——拿破仑本人一般在这种场合更容易令人生厌而不是魅力四射。

美中不足的是，波拿巴家族大部分成员到来之后，开始公开反对他的婚姻，他们从不掩饰对约瑟芬的厌恶。她秉持一贯的镇定和善良本性，不理会他们的敌意，竭尽全力对所有人都礼数周到。

1796年11月，问题终于爆发了。当时拿破仑迫切希望见到远方的妻子，事先没有打招呼就到了米兰，却发现她的房间空无一人。她去了热那亚，可能跟夏尔在一起，她没有告诉拿破仑她

要一周多才回来。在此期间，拿破仑给她发了几封愤怒的信，告诉她："我不顾一切来看你，只为拥你入怀……我感受到的痛苦无法估量。"

尽管他没有证据证实她与情人在一起，但从他越来越绝望却得不到答复的信中显而易见：他突然恍然大悟约瑟芬在意的是什么。从那一刻起，他再也不会像过去那样把她当作完美女性的化身，充分信任她，崇拜她了。

拿破仑和约瑟芬的婚姻维持了将近14年，直到1810年1月他才被迫与她离婚，这样他才可以与一个门当户对、有高贵血统的女大公联姻，以生养他急需的男性继承人。约瑟芬与夏尔的婚外情是拿破仑与约瑟芬关系的转折点，严重地玷污了拿破仑对妻子的倾慕之情。然而，即使他们的婚姻走向终点，他也从未停止爱她。根据一些说法，拿破仑在圣赫勒拿岛的临终遗言是："约瑟芬……"

至于约瑟芬，这也是一个截然不同的转折点，因为她开始意识到，也许她那特立独行、身材矮小的丈夫根本没那么滑稽可笑，她甚至开始爱上他了。然而，已经太迟了。

"他们把旅程拖得很缓慢，以便有充足的时间卿卿我我，暗度陈仓。"

▼ 亨利-弗雷德里克·肖邦的画作《1809年12月15日皇后约瑟芬与拿破仑离婚》

致约瑟芬

拿破仑把对约瑟芬的一片深情都倾注在信中。
在他们分离的时候，拿破仑往往一天就要写两封，
若是约瑟芬不回信，他就会恼怒沮丧。

梅拉妮·克莱格 / 文

就在雄心勃勃的年轻军官拿破仑·波拿巴第一次将目光投向落落大方的贵族寡妇罗丝·德·博阿尔内时，他便已意乱情迷，可谓一见钟情。罗丝的第一任丈夫是在"恐怖统治"时期被送上断头台的。虽然罗丝比拿破仑大6岁，已经30岁出头，但拿破仑还是对她一往情深。罗丝对这个年轻追求者的印象却不那么深刻，因为跟她习惯交往的男士相比，拿破仑不修边幅，也不够优雅。虽然拿破仑缺点明显，但她发现拿破仑很有趣，即使拿破仑坚持称呼她为约瑟芬（取自她的中间名约瑟夫①，变化了一下），她也欣然接受。1796年3月，就在拿破仑作为部队指挥官前往意大利的两天前，这对夫妇完婚，拿破仑将他的新娘留在了巴黎。他们相识才不到6个月，结婚前共处的时间也很短，如今他们正面临着第一次分别。这让拿破仑很绝望，而约瑟芬

并不爱她的新婚丈夫，心中毫无波澜。临行前，热衷写信的拿破仑让约瑟芬答应每周给他写几封信——对于约瑟芬讨厌写任何比便条长一点的文字的事实，拿破仑要么没有注意到，要么并不在意。

令约瑟芬惶恐的是，分别之后拿破仑给她寄来的信源源不断，每天至少一封，很多时候还是两封，他把信件连同公文急件统统寄到巴黎的上司那里。夜晚他独自一人待在行营的时候，自然也是最想念约瑟芬的时候，他就会给她写信；这些信总是字迹清晰，情意缠绵。不过，有时在打了一次特别令人满意的胜仗后，他也会草草写上几行，让约瑟芬知道他干得漂亮就够了。毫无疑问，拿破仑希望她能为他的英勇所打动。拿破仑的情书激情四溢，甚至充满了歇斯底里的爱的告白，拿破仑向她保证"你是我这辈子唯一的牵

---

① 如前文所述，约瑟芬的全名是玛丽·约瑟夫·罗丝·塔舍·德·拉·帕热里，塔舍·德·拉·帕热里是她父亲的姓。——译者注

▲ 这幅肖像是安德烈亚·阿皮亚尼1801年绘制的，画家捕捉到了拿破仑的挚爱约瑟芬令拿破仑着迷的一些独特气质

▲ 这张剧照出自1938年的电影《皇家离婚》，美国演员露丝·查特顿饰演约瑟芬，法国演员皮埃尔·布朗沙尔饰演拿破仑

挂""我多么渴望陪在你身边""为约瑟芬而活就是我生命的全部""你让我的爱源源不断，我已神魂颠倒"。他在另一封信中告诉约瑟芬："没有你，我一无是处。我无法想象不认识你我该如何存在。"他接下来继续写道："如果你爱我，如果你意识到一切都有赖于你的健康，就请照顾好自己。"每封信的结尾都是"千百万次"吻，抑或是"一千个吻，在你寒冷的时候熊熊燃烧"。拿破仑对妻子的深情已经到了痴迷的地步，在每一封信中都展露无遗，他不是用诸如"如果有一天我不再拥有你的心，即使夏日炎炎，我也感受不到温暖和郁郁葱葱"之类的话来

表达强烈的爱意，就是因得不到她的回应而嗔怪她是"不守规矩、不负责任、冷酷无情、凶残蛮横却又讨人欢喜的小怪物"。拿破仑在信中倾注了全部真心，约瑟芬却嫌麻烦，几乎连简单的几句话也不回。当激情的烦恼滚滚来袭之时，约瑟芬也在欢愉和愧疚之间挣扎。有一次他如此诘问："你怎么可以忘记一个如此热爱你的男人呢？""三天没有你的来信了，而我已经给你写了好几封。"随着时间的流逝，在等待妻子来信的煎熬中拿破仑的苦恼和沮丧与日俱增，他在哄劝和威胁间来回转换，试图让妻子多写些信来，结果常常因为自讨没趣而气馁。"你的信冷冰冰

拿破仑的激情

"我的生活是一场无止境的梦魇，不幸的预感压迫着我：我再也见不到你。我失去的不仅是生命，不仅是幸福，不仅是安闲。我几乎没有了希望。"

"如果没有约瑟芬，没有约瑟芬爱的保证，他到底还剩下什么？他到底能做什么？"

"我无时无刻不想起你的香吻、你的泪珠和你迷人的猜忌心。约瑟芬，你无与伦比的美丽在我心中燃起明亮而温暖的火焰。"

"你还记得我的梦吗？在梦中我是你的靴子、你的长裙，在梦中我把你的身体装进我的心里。"

"每天我都要记录你的不端。为了不再爱你我无情地抨击自己。"

的，就像你已经50岁了，好像我们已经结婚15年了，"当一封冷若冰霜的信辗转寄到意大利后，他提醒她说，"我从中读出的是生命冬天里的友情和感触。"

尽管现存信札的主要主题是拿破仑对妻子排山倒海的激情，以及无法完全从妻子那里收到回馈的绝望，但他也会抽出时间写信介绍自己的军事行动，与她分享他的胜利，比如1797年1月从维罗纳寄来的一封信中，他向她介绍了当天的一场战斗，在战斗中"我们俘虏了600名囚犯，夺取了3门大炮"。令人感动的是，无论压力多

大，身体有多疲惫，拿破仑的第一个念头总是坐下来给约瑟芬写信。他认为，约瑟芬是他的幸运星，是激发他军事天赋的缪斯女神。尽管战争已经占用了大量的精力，但是拿破仑还得找时间既要不断安抚约瑟芬使其忠诚于他，又要对约瑟芬在巴黎较为轻浮的社交活动表示兴趣，还要关注约瑟芬的孩子欧仁和奥尔唐斯的健康，他不止一次向她保证，他几乎跟她这个当妈妈的一样爱两个孩子。拿破仑似乎对约瑟芬的生活没有哪方面是不感兴趣的，然而约瑟芬却对拿破仑的生活兴趣索然，实在令人唏嘘。糟糕的是，冷酷的英国水兵截获了一封拿破仑写给他兄弟的信，信中拿破仑啰啰唆唆地抱怨了约瑟芬的种种不是，他告诉他兄弟："如果一个人的一颗心因为对另一个人的矛盾情感而被撕裂，是悲哀的。"他总结说："我再也不在乎自己的荣耀。我才29岁，却已经历尽沧桑。"这封信被幸灾乐祸地登载在伦敦的报纸上，人人都可以嘲笑表面上英勇无畏的波拿巴将军是多么无可救药。在他们看来，拿破仑对这个冷淡、不负责任的妻子的热情已经消退了。拿破仑遭受此番羞辱，再加上他确信约瑟芬在埃及战役期间曾对他不忠，他们的感情发生了变化，他信中的语气也发生了变化。从此，他的情感表达趋于温和。尽管他仍会因她回信拖延而责备她，但他因为她的冷漠而不再歇斯底里地渴求关注，转而使用幽默诙谐的语气。

1810年1月，拿破仑离婚，其后仍继续定期给约瑟芬写信、写便条，这令他的新婚妻子玛丽·路易丝很不满，她极其嫉妒拿破仑对约瑟芬持续的感情，怨恨他们仍在保持联络的事实。的确，拿破仑在过去的信中曾宣称："某个夜晚，门将砰地一声打开，就好像打翻醋坛的丈夫一

"拿破仑的第一个念头总是坐下来给约瑟芬写信。"

▲ 这幅组合肖像描绘了夫妇俩婚礼不久之后的状态，当时拿破仑正在意大利意气风发，而约瑟芬则领导着巴黎的社交圈

▲ 约瑟芬的回信不像拿破仑的来信那么频繁、那么充满激情

▲ 1796年让·巴蒂斯特·伊萨贝绘制的肖像画，此时拿破仑迎娶约瑟芬不久，对她饱含深情

样，那一刻我将倒在你的怀抱里。""你的形象照亮我的梦，为漆黑、忧郁、痛苦的画面添了生气。"如今这些激情的誓言已经消散，他们不再是夫妻了。但显而易见，拿破仑写给前妻的信中仍充满了爱与温情。他对约瑟芬的健康和幸福充满了关切，他恳求她"特别照顾好自己，你的健康对我弥足珍贵"。还告诉她："永远不要怀疑我爱你的事实，我活一天便爱你一天。"从信中可以明显看出，拿破仑非常想念约瑟芬，他毫不犹豫地告诉她，对于离婚他也"很伤心""很痛苦"。他在信中写满了要去拜访她的计划，以及后来又因为公务无法共度时光的遗憾。令约瑟芬有些不快的是，他仍然很喜欢训导她注意节俭，经常规劝她"把你的事务好好规划一下"，还对她的债务指手画脚，他的所作所为就跟他们没离婚时一样。

与玛丽·路易丝结婚后，拿破仑的来信变得不那么深情了，他很快把信中"深情"与"爱"的宣言降格为"友谊"。但是很明显，即使儿子出生后，他对约瑟芬的爱和关怀也从未减弱。不过，在致约瑟芬的信中，拿破仑自豪却不合时宜地写满了他对小王子成长情况的介绍，而约瑟芬正是为此牺牲婚姻的。拿破仑是否仍然爱着约瑟芬尚存疑问，但他们毕竟结婚15年了，因此拿破仑仍对她的健康和私事保持密切关注也不足为奇，特别是离婚后她并未再婚，很多事还依赖他的建议。约瑟芬现在明显开始欢迎他们的书信往来，愉快地接收他的来信并迅速回信，这跟她结婚之初的行事方式形成了鲜明的对比。人们很想知道他最初的激情多大程度是因约瑟芬的冷漠而起，如果她当初同样勤于通信，我们是否还会欣赏到如此饱含激情的情感流露和如此挣扎煎熬的哀伤。

拿破仑对玛丽亚·瓦莱夫斯卡的激情

尽管拿破仑写给约瑟芬的信是表现一厢情愿的痴情的公认杰作，但约瑟芬并不是唯一激起拿破仑书写浪漫书札的女人。1806年，拿破仑邂逅了美丽的波兰贵妇玛丽亚·瓦莱夫斯卡，他写信告诉她："除了你，我谁都看不到；除了你，我谁都不敬慕；除了你，我谁都不想要。"但她的回应却很冷淡，他写信恳求她："一颗可怜的心只为爱你而等待，请给予这颗心片刻的欢喜和幸福。"他甚至许下诺言："一旦你怜悯我这颗可怜的心，你的国家对我来说将如获至宝。"但问题在于玛丽亚已经结婚而且是个虔诚的天主教徒，是否该接受新仰慕者的殷殷情意，她犹豫不决。当她应允之后，拿破仑送给她一束鲜花，并命令她在当晚的招待会上捧起来，他说这将是他们俩的"秘密纽带"，"当我用手按住我的心，你该知道除了你，我谁都不想；而当你捧起这花束时，我也得到了你同样的回应！"

▲ 1806年拿破仑爱上玛丽亚·瓦莱夫斯卡之后，给这位波兰贵族美女寄过几封饱含激情的信

早期军旅生涯

拿破仑是历史上最负盛名——抑或最臭名昭著的——统治者之一。
那么他的早期军旅生涯是如何影响他一生的呢？

凯瑟琳·柯曾 / 文

1784年，年轻的拿破仑·波拿巴进入巴黎的皇家军校学习，此时他未来的职业蓝图已在他面前徐徐展开。拿破仑想成为一名炮兵军官，尽管父亲的去世迫使他把两年的学业压缩为一年完成，这位能力超群、雄心勃勃的年轻人依然成为从那所著名军校毕业的第一个科西嘉人。

拿破仑是一个执着追求个人进步的年轻人，毕业后的几年中在拉斐尔炮兵团担任二等中尉，几年后他从部队告假回到科西嘉，满腔热忱地参与了雅各宾派发起的抗争运动。1792年，他晋升为上尉，尽管授衔时他并未到场。回到法国之后，他发现支持雅各宾派已经成为社会风潮。

1793年，拿破仑被编入共和国部队，赴前线围攻土伦，保皇党人正在当地兴风作浪，对抗革命政府。拿破仑被委以重任，负责攻破城池，镇压叛军，并将控制港口、深入法国领土的英国人赶走。他的一个攻击策略是控制一座山头，法国炮兵可以居高临下向英军开火，迫使他们撤离

港口、放弃土伦。虽然拿破仑在作战中负伤，但事实证明他的大胆计划是成功的。他受到嘉奖，获得晋升，公安委员会将驻意大利的法国炮兵部队交由他来统领。

等待接任新职位期间，拿破仑为了充实自己，详细考察了地中海沿岸的防御工事状况，还制订了入侵撒丁王国的计划。1794年，法军将他的计划付诸实施，结果大获成功。然而，拿破仑曾为奥古斯丁——马克西米利安·罗伯斯庇尔的兄弟——所器重，也曾狂热地支持他们，因此随着"恐怖统治"时代的覆灭，拿破仑在阳光下的日子似乎屈指可数。

实际上，拿破仑凭借卓越的军事才华，在罗伯斯庇尔兄弟及其政权垮台后逃过一劫。千军易得，一将难求。法国督政府取代陷入困境的公安委员会后，拿破仑仍在法军中服役，唯一面临的惩戒就是降级为步兵指挥官。他深感这是一种侮辱，得知将被派往饱受内战之苦的旺代地区后，

▲ 没有几人能像拿破仑那样深谙兵家之道，没有几人能匹敌拿破仑大杀四方的雄才、一呼百应的胆识

"每一个回合拿破仑都更胜一筹，他在一场又一场的战斗中击败对手。"

他抱病不出。他的不情不愿导致他被从将军名单中除名，一度处境艰难。

1795年，保皇党人在巴黎制造叛乱，拿破仑的运势峰回路转。督政府督政官保罗·巴拉斯急需一名干将保卫国民公会，在土伦之战立下赫赫战功的拿破仑成为当然的首选。拿破仑带来了未来的妹夫若阿基姆·缪拉，他将在数年后当上那不勒斯国王。两人共同制订计划，准备用火炮攻击叛军。1795年10月5日，即共和历①葡月13日，拿破仑的计划付诸实施。缪拉不费吹灰之力从萨布隆营夺取了一些大炮，设法将其运到巴黎。大炮一安装到位，便向叛军开火。袭击中有1300多名保皇党人丧生，余者四散奔逃。这个大胆的策略出其不意，确实立竿见影。拿破仑再次展现了自己过人的胆识。

拿破仑已经开启了摧枯拉朽的毁灭之门，他不仅让保皇党人走向灭亡，也将让那些质疑他的人跌落深渊。督政府对他大加赞赏，他的军阶也更上一层楼，开始担任国内军司令及意大利方面军司令。

拿破仑前往意大利后，立即动员一切力量攻击皮德蒙特部队，以便在其奥地利盟友赶来救

▲ 拿破仑率领部队通过阿科莱（Arcole）大桥，他们刚刚在苦战中赢得了一场重要的胜利

---

① 法兰西第一共和国时期的革命历法，在法国大革命时期采用，由数学家约瑟夫·拉格朗日、加斯帕·蒙日和诗人法布尔·代格朗汀协同制定。目的在于割断历法与宗教的联系，摒除教会在群众生活中的影响，同时增加劳动时间。——译者注

▲ 时运不济的奥地利人试图解除曼托瓦之围，拿破仑里沃利会战的胜利使他们的努力化为泡影

援之前打他个措手不及。这简直是绝妙一击，皮德蒙特部队仅仅坚持了两个星期，便在战斗中出局。没有这份额外的担忧，法国人就可以集中力量痛击更重要的对手奥地利了。双方持续不断的战斗最终聚焦于曼托瓦的围城战，急于突围的奥军向法军发起一轮又一轮冲击。然而，每一个回合拿破仑都更胜一筹，他在一场又一场的战斗中击败对手。决定性的时刻出现在1797年1月，法军在里沃利击溃了奥地利人，使他们伤亡了14000人，而法国才损失了5000人。这是奥军最后的灾难结局。随着里沃利硝烟散尽，奥地利在意大利的势力被彻底摧垮。拿破仑嫌这场胜利不够分量，还策划了对意大利的洗劫，抢走了包括现金和贵重物品在内的大量财富。

意大利俯首称臣，拿破仑便将注意力转向卡尔大公麾下看似坚不可摧的哈布斯堡王朝军队，

他要碾压强敌。1797年3月，第一次决定性的胜利在塔尔维西奥到来。当时拿破仑的推进成功地将奥地利军赶进包围圈，并大获全胜，卡尔大公几乎无路可退。这场标志性战役使法军对维也纳触手可及。由于首都面临威胁，卡尔大公诉诸外交手段，结束了战争。

奥地利在谈判中当然是弱势的一方，拿破仑比任何人都了解这一点。法奥两国签署《莱奥本条约》（Treaty of Leoben），奥地利付出了高昂的代价。该条约对强势的一方法国极为有利，奥地利交出意大利北方大部分地区及低地国家的控制权，只保留了对威尼斯共和国的控制权。但拿破仑可没有时间研读这些特殊条款，也不会放任威尼斯这个存在了一千多年的国家继续自行其是。他将兵锋转向威尼斯共和国，迫使其投降，威尼斯的独立地位彻底终结。

▲ 这幅格罗斯男爵的画作描绘的是1804年拿破仑在雅法探访瘟疫的幸存者。目前该画悬挂于卢浮宫

▲ 土伦之围四个月后解除，英军被迫撤离

入侵未果

拿破仑未能实现的最大愿望就是入侵英国，他把英国视为法国最危险、最具挑战的敌人。他认为，只有清除英国的威胁，才能确保法国在欧洲的胜利；而只有击败英国皇家海军，英国才能被吓倒。

然而这一次，拿破仑不得不承认，自己好高骛远，眼高手低。与外交部长塔列朗（Talleyrand）会面之后，入侵英国的计划似乎开始动摇。1798年8月22日，为获得当地人的支持，1100名法国士兵在爱尔兰的基拉拉湾（Killala Bay）登陆，但该计划仍显得底气不足。他们发现，爱尔兰人的势力正处于低谷，百姓们不愿协助抗击英国的计划。一个月后，法军投降，他们在基拉拉与被围困的反叛者一起只坚持了32天。他们与前来围剿的英军实力相差悬殊，无法与之抗衡。

从一开始，这便是一次缺乏胜算的尝试。当纳尔逊海军上将在埃及击败法国海军后，这一计划的失败已不可挽回。入侵英国是拿破仑的征服计划中最令人垂涎的部分，却从未开花结果。

▲ 1798年，法国人在基拉拉登陆，他们召集爱尔兰支持者的计划被英国人挫败

到了1798年，拿破仑·波拿巴已不再是那个初出茅庐的小兵，也不再是那个科西嘉暴发户，而是欧洲战场上最令人肃然起敬、闻风丧胆的大人物之一。他对复杂的战争细节洞若观火，能够利用自己的优势并抓住对手的弱点来调整战略，应对战场的变化。正是这一时期，他总结完善了他最得心应手的两种战法：第一种是在前线充分利用所谓敌方部队铰链的战术；第二种是占领中心，在两支部队之间打入楔子。他对火炮支持地面部队进攻的重要作用了然于胸，对火炮的运用炉火纯青，使上述战法的效能充分彰显出来。

在拿破仑的早期军旅生涯中，他不仅在军界享有盛名，还利用报纸在法国传播他的消息。保皇党人和反对派都曾警告说，拿破仑已经失控，即将成为不可一世的独裁者，但拿破仑堵住了他们的嘴巴。他派皮埃尔·奥热罗将军领导了果月政变①，安排保罗·巴拉斯掌控巴黎；巴拉斯配合拿破仑着手推进下一步行动。这个曾被剥夺了公民权的科西嘉人即将成为世界上最有权势的人物之一。

---

① 发生于1797年9月4日，即共和历五年果月十八日，是督政府成员从日益强大的保皇党人手中夺取政权的一场政变。他们取消选举，清洗议会，迫害异己，中止新闻自由，从此督政府转向独裁，自由和民主逐渐消亡。——译者注

拿破仑在埃及

拿破仑在意大利战争中成功地崭露头角之后，
便为埃及的财富以及埃及作为西方文明摇篮的声名所吸引，
将注意力转向埃及。

梅拉妮·克莱格 / 文

千百年来，埃及统治阶层富贵奢华的生活方式，神秘莫测、动人心魄的神话传说以及像克娄巴特拉七世那样魅力超凡的统治者，在整个已知世界产生了强大的吸引力。埃及无与伦比的财富、肥沃丰饶的土地和取之不竭的资源对周边国家来说是一种难以抗拒的诱惑，它们都试图殖民埃及以增加自己的财富。公元前30年，罗马帝国废黜了埃及艳后克娄巴特拉，成功吞并埃及，使其成为帝国的主要粮食产地之一，也成为帝国重要的财富来源。到了18世纪，在奥斯曼帝国治下的埃及已不见昔日罗马时代的繁华，但其资源依然足够丰富，对其他国家来说投资埃及是值得的，它们愿意付出时间和精力吞并埃及。

17世纪，法国的殖民版图不断扩张，包括加拿大、路易斯安那和印度在内的广大地区。将埃及纳入其中的设想是德国哲学家莱布尼茨首先提出来的，他试图分散路易十四的注意力，使其放弃入侵德国的计划。他描述了埃及丰富的资源

以及它对东方贸易路线的重要性，建议路易十四集中精力征服埃及；若再修建一条连接地中海和红海的运河，海上贸易的便利将大大增加。他为未来的入侵制订了详尽的计划，但被路易十四回绝：路易十四将其比作十字军东征，宣称"这种远征早就过时了"。然而，到了18世纪中叶，法国在与强大英国的竞争与冲突中殖民地迅速缩减，而英国的海外帝国则大肆扩张。法国本土经济实际上已经破产，因此拓展殖民地的意愿变得日益强烈。不过，法国人可能很难负担得起这样的行动，因为他们已经把大量资金投入美国独立战争，帮助美国人抗击英军。1776年，路易十六继位仅两年后，海军部便秘密派遣贵族军官兼外交官托特男爵前往埃及（他曾在欧洲之外广泛游历），评估当地的自然资源及法国兼并埃及的可能性。尽管他报告说入侵埃及的条件已成熟，但法国没有采取进一步的行动，主要是因为法国无力入侵他国，更遑论将军队派往距本土如

▲ 格罗斯男爵描绘了1810年拿破仑在金字塔战役中率领部队冲锋的史诗式画面

此遥远的埃及。

　　18世纪90年代末，法国大革命开始，君主制被废除，入侵埃及并将其纳入法兰西帝国版图的设想才再次被人提出。当时的埃及不再为奥斯曼帝国直接控制，而是由当地精英马穆鲁克人统治，这些人习惯内斗，无法抵御外敌入侵。再次提出此想法的是外交部长塔列朗和他雄心勃勃的门生拿破仑·波拿巴。拿破仑已经在意大利战争中成功崭露头角，渴望通过进一步的军事行动更

快地提高声望。1798年初，拿破仑给督政府写信说明了他的计划。他指出，征服埃及可使法国获得宝贵的自然资源，同时又可增强对所有东方重要贸易路线的控制，还可与盟友印度迈索尔邦（Mysore）统治者蒂普·萨希卜（Tipu Sahib）建立联系。而且这一行动可以增加法国对抗英国的优势，因为英国人也试图控制相同的贸易路线，也依赖埃及这个通道。此外，对于拿破仑来说，战争将极大增加他的自我满足感。他

将埃及视为西方文明的摇篮，认为征服埃及将大大提升自己和法国的威望。他自幼痴迷亚历山大大帝和尤利乌斯·恺撒大帝，循着他们的足迹将坚定他的信念：他就是他们精神的传承者。尽管夺取埃及控制权的好处对督政府来说显而易见，但他们对是否给予拿破仑更多的权力犹豫不决，其中的缘由不言而喻。直到督政府发现形势愈加明朗——将拿破仑派离巴黎越远越有利，才授权拿破仑远征，并为其新远征军配备了4万多名士兵和1万多名水手。

由于面临英国插手的威胁，法国出征的目的地一直严格保密，只有拿破仑和他最亲密的伙伴私下知情。1798年5月19日，法国舰队驶离土伦开始远征，拿破仑乘坐的战列舰被恰如其分地命名为"东方号"，他们沿途征服了马耳他，然后继续驶向亚历山大港，7月1日到达。由于英军如魅影般无处不在，对马穆鲁克部队出其不意的攻击也要尽快在开罗展开，拿破仑一如既往，迅速采取行动。如果拿破仑原本期待轻松地收到一份投降书，那么他肯定会大失所望，因为他们沿途不断遭到马穆鲁克部队的骚扰。7月21日，他们最终在金字塔之战中正面交锋，法国人取得了决定性胜利，攻陷开罗。但是，这次胜利的喜悦十分短暂。8月1日，纳尔逊勋爵指挥的英国舰队袭击了法军留在亚历山大港的船只，并摧毁了大部分舰船，也包括拿破仑乘坐的那艘战列舰。这场败仗使拿破仑雄霸地中海的计划走入穷途末路，他的军队也因无法离开，实际在埃及处于孤立无援的状态。

拿破仑毫不畏惧地在开罗安顿下来，并立即向当地民众保证，他对穆斯林的宗教和传统持有最高的敬意，他来到这里就是要将民众从马穆鲁克压迫者手下解放出来。拿破仑还与随行人员向民众介绍了法国的便利设施、风俗习惯和奢华生活，重中之重是他们全面改革了行政体制，并建立了新的卫生服务机构、图书馆、动物园和博物馆。在他的治理下，开罗慢慢透出明显的法国气息。尽管拿破仑不断向民众保证法国人是他们的朋友，他只是为了改善他们的生活，但他的革新在民众中并不受欢迎。1798年10月，开罗人用暴动的方式表达他们的不满，向周围的法国人举起屠刀。拿破仑迅速出击，残酷地镇压起义，恢复了开罗的秩序，但这也恰恰暴露他对埃及的控制是多么弱不禁风。

开罗街道的秩序一恢复，拿破仑便认为是时候对他的新领地考察一番了。他动身前往苏伊士，游览古运河的遗迹，展望法国人建造新运河的设想。在此期间，他得知奥斯曼帝国计划进攻法军，便立即率部向叙利亚进军，沿途经停加沙和雅法，而后在塔博尔山（Tabor Mount）与奥斯曼帝国的军队狭路相逢，拿破仑的部队大胜。但是，他随后在试图夺取阿卡的战役中大败，损失了几千名士兵，法军被迫撤退，撤退途中还不断遭到奥斯曼帝国军队的袭击。拿破仑的部队徒步返回开罗，情况惨不忍睹。许多人饱受瘟疫摧残，即使那些尚未染病的士兵也被持续的高温、补给的不足和民众的强烈敌意所折磨。拿破仑带着13000名士兵离开开罗，在4个月的征战中，共计战斗减员1200人，另有600人死于瘟疫，还有近2000人受伤或者患病，其余大多数人则历尽艰辛，绝望地拼尽力气才回到开罗。拿破仑很同情士兵的境遇，尽管他本人很渴望回到法国，但他决心在埃及再待上一段时间，在离开之前消除奥斯曼帝国的威胁。1799年7月，他向亚历山大附近的阿布基尔（Abukir）要塞进军，该要塞驻扎了奥斯曼帝国统治机构的几名成员以及大约18000人的庞大驻军。面对占据优势的敌人，拿破仑毫不畏惧，向要塞发动进攻，并再次取得了决定性大胜，10000名奥斯曼帝国士兵战死，其余的被俘虏。

▼ 格罗斯男爵创作的这幅画描绘了1804年拿破仑在雅法拜访瘟疫受害者的情景，该画作现悬挂于卢浮宫

▼ 拿破仑对狮身人面像很着迷，在开罗期间花费了大量时间来仔细观察。让-莱昂·热罗姆绘于1868年

在埃及这一年，拿破仑灰头土脸，在阿布基尔大胜奥斯曼帝国极大地恢复了拿破仑的威望，提升了部队的士气。虽然仍有很多事情要做，拿破仑仍显得坐卧不宁，人手的缺乏和遭受的损失令他气馁。1799年8月，拿破仑未经事先通报便决定返回法国，留下值得信赖的克莱贝尔（Kléber）将军担任新的陆军总司令，这让留下来等待撤离的部队倍感欣慰，因为克莱贝尔很受欢迎。但他的人气显然不在当地民众这边，还不到一年他便在开罗被一名叙利亚学生暗杀。对拿破仑来说，埃及之战并没有取得他所期待的全面胜利，但是当他悄悄登上法国"缪伦号"护卫舰时，仍然感到些许满足，因为他已经实现了战争主要目标：他提升了自己的威望，征服了埃及民众，挫败了英国意欲牢牢控制埃及和通往印度的贸易通道的企图。

埃及的气候和生活方式非常适合他，他本可以愉快地停留更长时间，但他的目光始终坚定地注视着命运的荣光，他笃定这荣光就在前方。他知道，他在埃及的统治是脆弱的，土崩瓦解是迟早的事，那可能会使他一败涂地。因此，他决定适时离开，去登上接近最高权力舞台的下一级阶梯。

"法军被迫撤退，撤退途中还不断遭到奥斯曼帝国军队的袭击。"

拿破仑远征埃及时随行的科学家和艺术家

埃及之战最引人瞩目的一点是，拿破仑坚持要求167名艺术家以及包括植物学家、考古学家、科学家和工程师在内的各类学者随行。对于军事行动而言，这实际是前所未有的，既表明了拿破仑对科学和文化的兴趣，也体现了他对启蒙思想的献身精神。这种启蒙思想催生了法国大革命，也激发了人们对埃及的普遍兴趣。在埃及期间，法国学者和艺术家们兢兢业业地创办了一个埃及研究所来监督、推进工作，还建立了实验室、博物馆、图书馆和印刷厂。工程师们殚精竭虑地为苏伊士运河和埃及新的现代基础设施拟定建设计划；植物学家兴奋地记录着埃及的动植物；而考古学家则探索金字塔并做出了惊人的发现，例如罗塞塔石碑，是布沙尔1799年7月发现的，对古典语言的研究产生了巨大的影响。所有工作都是有价值的，在埃及学的新兴领域取得的许多重大发现以及众多精妙绝伦的出土手工艺品使人们对古埃及的兴趣急剧升温。

BONAPARTE WITH THE SAVANTS IN EGYPT.

从第一执政官到皇帝

拿破仑并不满足于军界的权力和影响。
他知道，若想获得至高无上的地位，必须同时主导政治舞台。

凯瑟琳·柯曾 / 文

尽管拿破仑雄心勃勃的法国扩张计划使他远离欧洲进入埃及，但他对欧洲事务仍然保持着敏锐的嗅觉，其中有一件事他尤为关注。法国督政府似乎比以往任何时候都不受欢迎，国家已经破产，法国人民承受着巨大的压力。像拿破仑这样壮志满怀、声名赫赫的人，也在密切关注攫取权力的机会，此刻是最佳的出击时机。

1799年，拿破仑未经传召而返回巴黎，这传递了一个明确的信号：若需一个人力挽狂澜，他认为那个人就是他。督政府十分不满，但已经奈何不了他，在热情拥护的海洋中他们是唯一的反对声音。巴黎人民欢迎拿破仑重返家园，把他当作得胜还乡的英雄，一个为提升法国在整个欧洲的影响力而孜孜不倦、奋勇拼搏的人，而国内的督政府一无所成，只把法国推向了深渊。拿破

仑知道，将声望转化为权力的时机已到，即将水到渠成。

就在市民们高呼他名字的同时，拿破仑把一些人召集起来，其中包括他的兄弟五百人院①主席吕西安·波拿巴（Lucien Bonaparte）、督政官埃马纽埃尔·约瑟夫·西哀士与约瑟夫·富歇（Joseph Fouché）、五百人院的议长罗歇·迪科，还有外交部长夏尔·莫里斯·德·塔列朗–佩里戈尔。他们共同制订了详尽的政变计划，准备推翻督政府。

1799年11月9日，即共和历雾月十八日，行动展开。他们欺骗议会两院即元老院②和五百人院，声称雅各宾派将发动政变。议会两院逃离巴黎，将首都交由拿破仑控制。同时，西哀士、迪科与保罗·巴拉斯一同辞去督政官之职，只剩

---

① 五百人院是 1795 年法国宪法公投后，法国依据共和三年宪法建立的，是督政府时期立法机构中的下议院。——译者注
② 元老院是法国督政府时期立法机构的上议院。——译者注

▲ 在关键的马伦戈战役中，法军击退奥地利对手，巩固了拿破仑的执政权力

两位不知情的督政官。到了第二天，议会两院才意识到，政变并非来自外部，而是出自内部。然而事已至此，他们已经无力阻止。

拿破仑在议会两院发表讲话时，遭到了充满敌意的抵制以及颠覆叛国的指控。但是拿破仑在选择共谋者方面一直很明智，与他共谋的政客们都实力超群、雄心勃勃，足以出奇制胜。他们指着巴黎的街道问，为什么公众集会欢庆拿破仑重返法国时，却没有人支持督政府？因为这个国家已经厌倦了革命，厌倦了掠夺，厌倦了政客。支持政变的人说，他们渴望开启一个新的时代，唯有拿破仑能担此大任。

雾月政变尘埃落定，官员们面对的是简单的选择，要么投降，要么抵抗。那些大胆选择后者的人被流放或逮捕，其余的人则草草拟定了一部《共和八年宪法》，这是大革命以来第一部不包含《人权宣言》的宪法。在西哀士监督下，依据这部宪法改组了法国的行政管理结构。与五名督政官平权的督政府不同，该宪法规定由一名第一执政官和两名第二执政官领导法国，任期10年；宪法还规定立法机构为三院制，由元老院、护民院和立法院组成。西哀士起草新宪法时，以为自己将成为第一执政官的必然选项，根本没有考虑到拿破仑。

后来拿破仑再次成功地发动政变，推翻了他曾支持的政变的成果，并彻底改写了西哀士起草的宪法。拿破仑版的《共和八年宪法》中最重要的条款是拿破仑将独揽第一执政官的大权，议会和两名第二执政官则完全受制于他。

该宪法在公投中以300万票对1567票获得通过，赞成票的比例接近100%。实际上，这300万的数字是实际数字的两倍。这不是吕西安·波拿巴最后一次虚报数字以显示民众对新任执政官的压倒性支持。在外界看来，这是通过民主选举建立的民主共和国，实际上，这是拿破仑踏上独裁统治之路的第一步。

拿破仑已经实现了当上第一执政官的愿望，但他的地位远非坚如磐石。要想巩固自己的地位，还需要发动一场战争。

1800年6月14日，拿破仑的军队在意大利亚历山德里亚城附近遭遇奥地利军队，战斗在马伦戈村打响。对于拿破仑来说，这是一场生死攸关的战役。奥地利人向热那亚的进军令法国人措手不及，拿破仑率部驰援，5月带领部队顺利越过阿尔卑斯山。法国人被一个双面间谍误导，他将法国人引向北方，远离了计划攻击的真实地点。当法国部队接近马伦戈村时，拿破仑意识到上当受骗，召回了向北前进的部队，命令他们与奥地利军队交战。尽管奥地利军队占得先机，迫使法国人撤退，但下午晚些时候德塞（Desaix）将军率领增援部队抵达后，形势迅速逆转。

现在，法国人发动猛烈的反攻，用大炮制造混乱并压制了奥地利骑兵的冲锋。炮火冲散了奥地利人，他们纷纷逃往亚历山德里亚城。法国人紧追不舍，杀死、重伤或俘虏了14000名奥地利士兵。尽管德塞将军在战役中阵亡，这仍是拿破仑最重要的胜利之一。

拿破仑再次以英雄之姿回到法国。保皇党人企图在圣-尼凯斯街暗杀他，结果炸死、炸伤多名路人，拿破仑将计就计，将此事件转化为对自己有利的因素。

拿破仑从圣-尼凯斯街的暗杀中逃过一劫，马上以此为借口流放了130名雅各宾党人，不论他们是否牵涉其中。4名密谋者被处决。拿破仑还废黜了议会，成功地解决了阻碍他大权独揽的最后一个民主政治对手。

如今拿破仑安安稳稳地当上了第一执政官，他通过一系列条约和协议增加自己的权力，消减教会的影响，扩张法国的领土，压制对手的意见。1802年，《亚眠条约》签署，拿破仑利用

铁王冠

1805年5月26日，拿破仑加冕为意大利国王，他将伦巴第的铁王冠戴在自己的头上，宣称："上帝赐予我王冠，他人谁敢亵渎？"

该王冠是基督教世界最古老的王权象征之一。据说这枚镶嵌金子和宝石的王冠是君士坦丁大帝为其母亲圣海伦娜制作的，中心的铁环是用耶稣十字架上的一枚钉子制作而成。几个世纪以来，该王冠一直用于意大利国王的加冕礼。查理大帝在8世纪加冕为伦巴第国王时佩戴过，后来的诸多神圣罗马帝国皇帝也佩戴过。

拿破仑一定会喜欢查理大帝与伦巴第铁王冠的联系。他在征服意大利的过程中追寻着这位传奇君主的足迹，就像查理大帝在前面引领着他，他一心要让帝国的疆土覆盖整个欧洲大陆。

1805年，拿破仑创立铁王冠勋章，其上镌刻着铁王冠，铁王冠上是人们熟悉的法国皇家雄鹰的图案，

最上面刻有大军团的旗帜。法国的皇位已经与铁王冠所象征的古代权力和天选之人身份紧密结合在一起。

▲ 据说伦巴第铁王冠使用了来自耶稣十字架上钉子的铁

◀ 拿破仑在政变后被任命为第一执政官，这是密谋、战争与宣传的最终结果

"他通过一系列条约和协议增加自己的权力……压制对手的意见。"

它作为《共和十年宪法》的跳板。《共和十年宪法》中，他被任命为终身第一执政官，以表彰他与英国缔结和平协议的伟大功绩。据称，99.7%的民众投票支持他终身担任这一职位。

在拿破仑统治下，法国人前途可期。由于受保皇党人暗杀拿破仑阴谋的牵连，昂吉安大公被处决，这一事件使共和国陷入争论之中。如果拿破仑遭遇不测，法国该如何是好？议会决定，确保共和国前途最好的办法就是授予拿破仑世袭的皇帝头衔，这样在他去世前国家可保无虞。1804年5月18日，元老院批准建立法兰西帝国。

1804年12月2日，在辉煌盛大的加冕典礼上，拿破仑·波拿巴将自己加冕为法国皇帝。

在一个因革命、战争和剥削而疲惫不堪的国家，拿破仑在正确的时间来到了正确的位置上。他拥有雄才大略，致力于法国的富强，凭借一己之力结束了社会动荡，保证了法国的稳定和繁荣。拿破仑接受月桂花冠和查理大帝的王冠，成为一个没有波旁王朝压榨、街头没有政客或革命者争吵的新法国的象征。登上法国皇帝宝座，也许是拿破仑所取得的最大的胜利。

▲ 尽管遭到英国漫画家嘲讽，《亚眠条约》还是确保了法英两国的和平。虽然和平只维系了一年时间

皇帝拿破仑

64

150

118

74

98

138

80

110

杜乐丽宫

杜乐丽宫的建成缘于16世纪中叶的一场王室悲剧，
在随后的几个世纪里杜乐丽宫见证了法国王室历史中
一些最引人注目的大事件。

梅拉妮·克莱格 / 文

1559年，为庆祝女儿伊丽莎白与西班牙的腓力二世联姻，法国王室举办马上格斗比赛，国王亨利二世却在比赛中意外身亡，妻子卡特琳·德·美第奇的生活被彻底毁掉了。她穿上了沉重的黑色丧服，而且一辈子都将是如此打扮。她尽量避免在巴黎玛莱区的图尔奈勒宅邸停留，这座王家宅邸古老陈旧，是她的伤心之地，因为她的丈夫就是在那里离开人世的。她一直很讨厌

▲ 杜乐丽宫是三个世纪以来人们熟知的中央宫殿和地标，见证了波拿巴王朝拿破仑一世和拿破仑三世的鼎盛时期

那里，因为那里的建筑风格太过陈旧，尤其是与她童年期间在佛罗伦萨居住的奢华美丽的美第奇宫相比，更是不堪入目。因此她要抓住机会甩掉那座宅子，然后将其拆除，用所得的收益完全以意大利风格建造自己的新式宫殿。对于这个宏伟的项目，卡特琳决定与才华横溢的建筑师菲利贝尔·德·洛姆（Philibert de l'Orme）合作；他所设计的舍农索城堡是卡特琳的最爱，亨利二世对枫丹白露宫的改建也是他设计完成的，他能够设计出她头脑中宏伟而和谐的建筑。宫殿于1564年动工，这里曾经是一座瓦窑（法语为tuileries），宫殿就以此命名为"杜乐丽宫"。这座宫殿孤零零地矗立了数十载，后来亨利四世将其建筑延展到河畔，并加盖了大走廊，使其与旧的卢浮宫连接起来，在巴黎市中心构建了一个庞大连绵的宫殿建筑群，以安置国王及其不断增加的子嗣、王公贵胄以及不计其数的随从。

"宫殿于 1564 年动工，这里曾经是一座瓦窑，宫殿就以此命名为'杜乐丽宫'。"

▲ 韦尔内1838年的画作描绘了拿破仑在杜乐丽宫前的阅兵式上接受请愿书的情景

▲ 拉格内的画作展示了杜乐丽宫在1757年（路易十五统治时期）的风貌，路易十五在未成年时曾在杜乐丽宫居住

"宫殿被暴民攻陷并洗劫一空，王室成员被迫逃离。"

▲ 维奥莱-勒-迪克1840年的画作描绘了杜乐丽宫迷人的主楼梯

投石党战争[①]结束后，年轻的国王路易十四返回巴黎并定居卢浮宫，他立即着手以现代品味翻新并扩充杜乐丽宫沿线建筑群。在投石党战争期间的经历令路易十四心有余悸，他曾被迫秘密逃离首都，住到乡下直至战争结束。他既希望突出自己的神圣王权，又希望与他不敢信任、令他恐惧的巴黎人民保持距离。扩充和改建使杜乐丽宫更加壮观，更为富丽堂皇，有效地实现了这两个功能。1672年，路易十四最终决定完全放弃巴黎，将宫廷迁往凡尔赛宫。随后的44年中，这座宫殿基本上被废弃了，直到1715年路易十四5岁的曾孙路易十五继位，法国宫廷在摄政王奥尔良公爵腓力二世（即路易十五的表兄，其巴黎的宅邸与杜乐丽宫相邻）安排下返回巴黎。

---

① 即投石党运动，一场紧随着法西战争而爆发的法国内战，造成近百万人死亡。当时的摄政马萨林枢机主教的支持者遭巴黎暴民以投石器发射石块破坏窗户，故此得名。——译者注

1722年，路易十五回到凡尔赛宫，旧宫殿基本废弃，只有国王回首都时偶尔的到访才使其重现生机。但随着路易十五越来越不受人民欢迎，这种访问也日渐减少。他的继任者路易十六继承了前人的特点，不信任反复无常的巴黎人，并没有在杜乐丽宫住过多长时间，但他的妻子玛丽·安托瓦内特偶尔会在这座王家寓所过夜，因为她参加的歌剧舞会结束后天色已晚，不便返回凡尔赛宫。1789年10月，在王室被迫离开凡尔赛宫后，他们连同众多臣属随扈以及数百车的贵重家具和其他装饰物品被巴黎市民押回杜乐丽宫。自此，那里一直是王室的官方宅邸，直到1792年8月。当时，宫殿被暴民攻陷并洗劫一空，王室成员被迫逃离，向立法议会（即革命时期的议会，在杜乐丽宫的老骑术学校举行代表会议）寻求庇护。这座日益破败的宫殿随后被用作各个政府部门的办公室和会议室，其中包括臭名

▲ 卡特琳·德·美第奇在佛罗伦萨华美的美第奇宫长大成人，她希望巴黎的新宅邸——杜乐丽宫拥有同样的意大利文艺复兴风格

昭著的公安委员会，该委员会在路易十六的妹妹伊丽莎白夫人以前的住所弗洛尔馆举行会议。

杜乐丽宫经历了一个世纪的辉煌之后，为后续统治者所忽视，他们更乐于居住在凡尔赛宫。后来共和派将其视为他们要努力推翻的君主专制的象征，对其肆意蹂躏。1800年杜乐丽宫的命运发生了逆转，那里成为第一执政官拿破仑·波

▲ 拿破仑三世拨出巨资翻修这座波旁王朝的王宫，为自己打造一座辉煌壮丽的殿堂

杜乐丽宫的毁灭

▲ 承载了王室三个世纪历史的宏伟的杜乐丽宫，仅仅48小时便化作一片瓦砾废墟

1815年拿破仑离开后，杜乐丽宫先后由复辟的波旁王朝国王路易十八及其兄弟查理十世接手，拿破仑三世1848年上台后也将这里作为府邸。拿破仑三世是拿破仑的继女奥尔唐斯·德·博阿尔内和拿破仑的兄弟路易·波拿巴的儿子。杜乐丽宫辉煌的鼎盛时代便是拿破仑三世和他美丽的妻子欧仁妮皇后在此居住的时期，后者倾其财力翻新宫殿，使杜乐丽宫光彩夺目，更胜以往。他们还在此接待过1855年对巴黎进行国事访问的维多利亚女王。1870年，拿破仑三世被废黜，宫殿也随之被废弃。1871年，暂时取代帝国的激进社会主义政府——巴黎公社下达命令，将其作为君主压迫的象征付之一炬。1871年5月23日，杜乐丽宫火光乍起，中央穹顶用炸药炸毁，大火几乎肆虐了48个小时，彻底焚毁了杜乐丽宫。这片废墟整整矗立了11年，政府最终无视艺术家、建筑学家和学者重现其昔日辉煌的恳求，下令将其拆除并分割出售。

拿巴和妻子约瑟芬的主要住所。但这座老宫殿由于在1792年8月10日遭到彻底洗劫，境况不佳，缺乏高雅的家具，曾经精美的线脚和镶板都需要大修。3000名工人不间断地工作了两个月，才使杜乐丽宫恢复了往日的光彩。他们对供暖设施和其他便利设施进行了现代化改造，使其成为新主人真正的宫殿式住所。1800年2月19日，拿破仑夫妇搬入杜乐丽宫，也开始了没完没了的争论和没完没了的繁文缛节。"来吧，小克里奥尔人，躺到主人的床上吧"，当晚拿破仑一边说着一边把约瑟芬抱到床上。他们的房间曾经是玛丽·安托瓦内特的住所，房间完全按照约瑟芬的个人口味重新进行了装修，卧室里装饰了镶金边的蓝色和白色丝绸，会客厅的墙壁上装饰着紫色的塔夫绸，但约瑟芬仍向女儿奥尔唐斯抱怨，她感觉玛丽·安托瓦内特的鬼魂每天晚上都会问"我在她的床上干什么"。拿破仑几乎没有时间去理会约瑟芬因迷信而产生的不安，目前他在意的是，他有充分的权利住进杜乐丽宫，这只是他向自己坚信的、命中注定的终极权力又迈进了一步。在杜乐丽宫，他所统辖的事实上就是一座宫廷。涉及第一执政官和他妻子日常起居的礼仪和排场越来越奢华，他们现在的生活要严格按照宫廷礼仪行事，人们都以为这些礼仪随着波旁王朝被推翻已经不复存在，怎料在拿破仑入住杜乐丽宫后又渐渐死灰复燃。长年的军旅生涯使拿破仑习惯了不苟言笑，严守规程，但约瑟芬却习惯于贵族名流腐化堕落的生活方式，因此在杜乐丽宫感到无聊、孤独、束手束脚——但是没有人想到她会如此，因为她正在修整一新的豪华房间里主持着盛大的宫廷宴会，她一如既往地光彩照人，热情好客。其中一个房间里陈列着14张他丈夫属下元帅的全身画像，一些巨幅油画将画像间隔开来，那些油画描绘了法军在他率领下在意大利和埃及取得的最重大的胜利，象征波拿巴家族的金色蜜蜂则无处不在——印在窗帘上，刻在镶板上，甚至编织在地毯上。

跟路易十四一样，拿破仑明白如何使用陈列品和宫廷礼仪提醒人们意识到权力的存在，确保没有人敢质疑他的权威或统治权。拿破仑对杜乐丽宫的整修是他图谋独揽大权计划的必要一环，他也花了大量时间亲自监督这一工程。宫殿的很多原有特征保留下来，因为使人们记得这里过去

是波旁王朝的巴黎宫廷当然很重要。各个房间都以极为时尚的新古典主义风格进行重新装潢，意图唤起被贵族的节俭风潮削弱的"古罗马的富裕繁华"，这种风格因拿破仑的热情倡导以"帝国风格"闻名于世。

为了把对帝国辉煌的憧憬变为现实，拿破仑聘请了著名的设计师二人组，新古典主义热潮的主要支持者夏尔·佩西耶和皮埃尔·方丹对室内装饰进行翻新。佩西耶和方丹的职业生涯始于巴黎歌剧院的布景设计，他们是充满激情的设计天才；他们热情地投入工作，装潢了豪华的宴会厅，为拿破仑频繁的宫廷盛宴提供了闪闪发光的背景。出席宴会的将军们穿着笔挺的军装，他们的妻子通常穿着拿破仑特别钟情的白色丝绸高腰礼服。佩西耶和方丹遭遇过这样的挑战：宫殿的宴会厅只有一扇窗户，显得阴暗而肮脏。他们将整个房间内都安上镜子，如此就可以反射更多的光线，使房间变得明亮起来；到了晚上所有的蜡烛点亮后，房间里流光溢彩，女士们佩戴的上等钻石也会更加熠熠生辉。1804年拿破仑加冕为皇帝后，宫中设置了一个富丽堂皇的宝座厅，配有方丹依照拿破仑身材比例设计定制的宝座，身材矮小的拿破仑正襟危坐于其上，会显得更加庄重伟岸，令人肃然起敬。在盛大节日的夜晚，拿破仑宫廷的小姐们将被带上华丽的楼梯，步入陈列拿破仑元帅们肖像画的大厅，穿过蓝色大厅和阿波罗大厅，最后到达宝座厅。宝座厅戒备森严，只有最高级别的人员才获准进入——完全采用与拜谒波旁王朝君主相同的方式，依身份严格执行。令人无法忘怀的唯一区别是，拿破仑宫廷里的所有男性事实上都是军人，这给聚会带来了强烈的阳刚之气。

▲ 贝托的杰出画作描绘了1792年8月10日起义中起义者对瑞士卫兵血腥屠杀，最终将路易十六推下了王座

拿破仑与约瑟芬离婚后，宫廷的气氛变得更加拘谨。1810年，拿破仑与弗朗茨二世的女儿、玛丽·安托瓦内特的侄孙女奥地利女大公玛丽·路易丝结婚。迎娶玛丽·路易丝对拿破仑来说如同一场脱胎换骨的巨变，因为拿破仑出身低等贵族，有攀附之嫌，他决心不让对方心有不甘。玛丽·路易丝成长的维也纳皇宫金碧辉煌，可与凡尔赛宫媲美，拿破仑决定翻新约瑟芬最近

▲ 雅克·路易·大卫1812年绘制的拿破仑肖像很有名，展现了拿破仑在杜乐丽宫书房的情景

腾空的房间，竭力显示奢华，以用作新皇后的寝宫。画家皮埃尔·保罗·普吕东受雇负责翻修工作，他还要设计一些新古典主义风格的家具。套房的中央是一个精美绝伦的珠宝陈列柜，最初是建筑师夏尔·佩西耶为约瑟芬皇后设计的，皇家家具供应商雅各布-德斯马尔特负责制造，但由于耗时费力，直到1812年才制作完成，而那时约瑟芬已经离开。无论如何，整个杜乐丽宫最近都经历了翻天覆地的变化，拿破仑在卡特琳·德·美第奇的宫殿右侧建了一座新侧翼，与原有的建筑成直角，自然而然地在建筑物前部形成了一个巨大的庭院——这将是拿破仑和玛丽·路易丝在杜乐丽宫举行婚礼庆祝活动的户外部分的理想所在。玛丽·路易丝见识过维也纳宫

殿的奢华，但一定会为杜乐丽宫的宏伟壮丽以及拿破仑住所里华贵的艺术收藏感到眼花缭乱。过去的皇家艺术收藏品大多在卢浮宫公开展览过，这些展品分别是从凡尔赛、枫丹白露及其他皇宫征集过来的，但也有大量展品出自杜乐丽宫——其中包括拿破仑用来装饰自己卧室的《蒙娜丽莎》。其中有数百件劫掠而来的画作和雕塑出自欧洲的伟大艺术收藏家，其中包括鲁本斯、丁托列托、委拉斯开兹和提香的作品。

多年来，拿破仑还曾委托画家们创作了很多巨幅战役油画，以及他本人和他家人的多幅肖像画——但是有人认为约瑟芬的肖像画在玛丽·路易丝到来之前就已被悄悄移走了。她的肖像甚至被完全从一件正在绘制的作品中抹掉，即大卫

"中央是一个精美绝伦的珠宝陈列柜。"

《蒙娜丽莎》

杜乐丽宫作为皇宫的三个世纪以来，是卡特琳·德·美第奇、约瑟芬皇后和欧仁妮皇后等许多著名女性的居所，但其中最著名的女性也许是蒙娜丽莎。《蒙娜丽莎》是世界上辨识度最高、最大名鼎鼎的艺术品之一，法国人称其为《乔孔达像》（*La Joconde*），有人认为这幅画是莉萨·盖拉尔迪尼（Lisa Gherardini）的肖像，是意大利文艺复兴艺术大师列奥纳多·达·芬奇在1503年至1506年之间创作的。1516年，他应国王弗朗索瓦一世的邀请移居法国，将这幅画带到法国。1519年，达·芬奇去世，这幅传世巨作转由法国王室收藏，最初保存在枫丹白露宫，然后移到凡尔赛宫收藏，法国大革命后被带入卢浮宫。这幅作品给拿破仑留下了极为深刻的印象，他下令将其撤出展厅，放到他杜乐丽宫的卧室里，这样他就可以每天独自欣赏。1911年，这幅画被人从卢浮宫盗走，成为头条新闻。在失窃两年多之后，盗贼试图将其出售给佛罗伦萨的乌菲齐美术馆，画作才重见天日。艺术家毕加索最初被怀疑涉嫌盗窃，经过多方努力才洗清罪名。如今，每年有900多万人慕名而来，大多数人来卢浮宫只为目睹《蒙娜丽莎》的真容。

▲ 列奥纳多·达·芬奇的《蒙娜丽莎》是世界上最著名的画作，曾经悬挂在杜乐丽宫拿破仑卧室的墙上

1810年创作的《分发鹰旗》。在他逃离第一次流放地厄尔巴岛到他在滑铁卢失利并最后退位之间，拿破仑曾在杜乐丽宫短暂停留，1815年4月17日他最终挥别杜乐丽宫。

他回到皇宫不过几周时间，当明确玛丽·路易丝和儿子并不打算从维也纳返回与他团聚时，这位身陷困境、心情沮丧的皇帝决定搬到小一点儿的爱丽舍宫去，那里不会显得那么空。

我们不知道当他走过豪华的会客厅，并最后一次走下楼梯时感受如何，但毫无疑问，他会回想起他在这里居住的15年。这里见证了他人生的一个个重要瞬间：从第一执政官到加冕为皇帝，从与约瑟芬离婚、迎娶女大公到初为人父，从历经失败到欢庆胜利；他曾在这里统治着有史以来世界上最辉煌、最具活力的朝廷之一。

▲ 尽管约瑟芬不喜欢杜乐丽宫的生活，常常对那些盛大场面感到厌烦，但在拿破仑不能出场的情况下，她还是常常受托主持官方活动

▲ 阿波罗大厅是拿破仑在杜乐丽宫居住期间翻新的最重要的大厅之一

▲ 这幅明快的画作显示，拿破仑跟他的第二任妻子玛丽·路易丝带着儿子在著名的杜乐丽花园散步

家人、朋友和盟友

如果你在拿破仑的法国向往权力和名望，
有一件事是确定的——有一个叫拿破仑的
朋友会为你的事业带来奇迹！

凯瑟琳·柯曾 / 文

荷兰国王 路易·拿破仑·波拿巴

生卒：1778—1846　国籍：法国（科西嘉）

路易刚好比拿破仑小10岁，跟拿破仑一样，他也是一名军人。他曾追随拿破仑在埃及作战，25岁时便晋升为将军，其中虽有他哥哥的影响，但更是因为他的卓越才干。拿破仑不光介入弟弟的事业，还插手弟弟的私生活。1802年，他包办了继女奥尔唐斯·德·博阿尔内和他弟弟的结合，尽管奥尔唐斯有些不情愿。

1806年拿破仑建立了荷兰王国，他需要一个顺服的人来担任国王。显然路易就是那个合适的人选，但事情并非一帆风顺。他一加冕为荷兰国王，就下决心巩固自己的独立王权。他学说荷兰语，并宣称自己是荷兰公民，甚至命令他的宫廷臣属追随他放弃法国国籍。但这对奥尔唐斯来说简直难于登天，她拒绝服从命令，决心誓死保有法国国籍。

后来路易大胆地拒绝了哥哥征召荷兰军队入侵俄国的要求，他的统治便戛然而止。拿破仑采取报复行动，从荷兰撤出了法国军队，为1809年英国人入侵敞开了大门。没有了法军作后盾，路易措手不及，拿破仑顺势建议他退位。路易别无选择，只能照办。这位退位的国王只能自己舐舐伤口，但他一直坚信自己是荷兰的真正君主。他只在1840年回过一次荷兰，人们像跟一位久违的朋友重逢一样向他寒暄问候。

路易对政治活动毫无兴趣，1844年约瑟夫-拿破

仑·波拿巴去世后，他对那些宣扬他是法兰西皇位继承者的人敬而远之。就在两年后，他撒手人寰，再也没有重获他所钟爱的荷兰王位。

那不勒斯国王
若阿基姆·缪拉

生卒：1767—1815　国籍：法国

▲ 作为那不勒斯的国王，缪拉因忠于职守而屡受嘉奖

很少有人取得过像若阿基姆·缪拉（Joachim Murat）那样辉煌的军事成就。1796年，他加入拿破仑的部队担任侍从官，此前他已是一名备受尊敬的士兵。后来他与拿破仑的妹妹卡洛琳结婚，影响力得到加强。他的军阶提升迅速，1804年获得法国元帅称号。4年后，他将那不勒斯的王冠收入囊中。

尽管戴上了国王的桂冠，缪拉仍然是一名军人。他为法国而战，直到遭遇莱比锡大败。面对意大利人索回王位的要求，缪拉逃往科西嘉岛。他计划在那里重新集结部队并再次战斗，彻底夺回那不勒斯。

但返回的缪拉并没有取得令人瞩目的胜利，反而被那不勒斯的斐迪南四世俘虏。这位显赫一时的国王因叛国罪被判处死刑，被行刑队枪决。据行刑的目击者报告，他面对死亡毫无惧色。

特雷维索公爵
爱德华·莫尔捷

生卒：1768—1835　国籍：法国

▲ 曾与拿破仑并肩战斗的特雷维索大公爱德华·莫尔捷，死在复辟的波旁国王身边

爱德华·莫尔捷（Édouard Mortier）曾率领法军攻占汉诺威，迫使汉诺威选帝侯向法国投降，赢得了拿破仑的青睐。拿破仑授予他法国元帅的称号，并予以高调嘉奖。但是，莫尔捷在奥斯特利茨（Austerlitz）战役中犯了一个重大错误，当时他无视拿破仑关于部队调动的建议，使奥地利和俄国暂时占了上风。

从那天起，莫尔捷努力地恢复拿破仑的信任。在协助攻占黑森-卡塞尔后，他做到了，并因此获封公爵头衔。拿破仑垮台后他曾被孤立，但最终重新获得了波旁王朝的青睐，并于1834年担任首相。

1835年，在一场针对法王路易-菲利普的暗杀行动中，莫尔捷不幸身亡。国王当时死里逃生，但他的18名随行人员却没有那么幸运，莫尔捷就在其中。

蒙泰贝洛公爵 让·拉纳

生卒: 1769—1809　　国籍: 法国

让·拉纳（Jean Lannes）出身低微，因英勇无畏深得拿破仑的喜爱，拿破仑视其为最值得信赖的心腹之一。

拉纳作为军人深受爱戴，但做外交官则表现不佳，在短暂担任驻葡萄牙大使后又回到战场。作为最早的元帅之一，他受命在西班牙作战。他克服不利条件，攻占并守住了萨拉戈萨。但是他一直担心拿破仑的野心会招致灾难。

拉纳的担心是对的。在多瑙河畔的阿斯佩恩-埃斯灵战役中，拉纳双腿的膝盖被炮弹击中。他痛苦地接受外科手术时，拿破仑冲到他的身边，紧紧抱着他。一个星期后拉纳去世，留下拿破仑自己去面对野心膨胀的代价。

▲ 蒙泰贝洛公爵因功勋卓著受到丰厚的嘉奖，最终为国捐躯

荷兰王后 奥尔唐斯·德·博阿尔内

生卒: 1783—1837　　国籍: 法国

奥尔唐斯·德·博阿尔内后来贵为一国王后，但她的幼年生活却颠沛流离，因为1794年她的父亲亚历山大·博阿尔内子爵被送上了革命的断头台。两年后，她的母亲嫁给了拿破仑，这预示着她的运势得到了明显改善，她的身价也因此水涨船高。

在拿破仑的权力游戏中，家人和朋友都是棋子，奥尔唐斯也不例外。拿破仑的弟弟路易需要找一个可靠的人结婚，拿破仑将目标锁定为奥尔唐斯。她起初极力反抗，却没有机会自己做出选择，最后只能听天由命。

1802年，路易和奥尔唐斯结婚，但从一开始，他们便无法和睦相处。1806年路易加冕为荷兰国王，她却更加郁郁寡欢。她必须离开她钟爱的巴黎到她丈夫的王国去，这使她大为恼火。尽管奥尔唐斯在荷兰处处受人欢迎，但她拒绝遵从丈夫的意愿放弃法国国籍变为荷兰公民。1807年，她在儿子夭折后终于回到法国家中，像明星一样在宫里一住就是三年。拿破仑与约瑟芬离婚并再婚后，奥尔唐斯才回到荷兰，因为拿破仑觉得前妻的女儿整天在眼前晃来晃去对夫妻和谐可不是什么好事儿。

奥尔唐斯在荷兰的日子是短暂的，她借口自己身体不好离开荷兰，离开了丈夫。虽然拿破仑曾对她的生活横加干涉，但她在拿破仑的"百日王朝"时期仍然支持他，并因此被逐出法国。她在瑞士度过了余生，1837年在那里去世。

▲ 拿破仑的继女奥尔唐斯在一场包办婚姻中竟成了拿破仑的弟媳

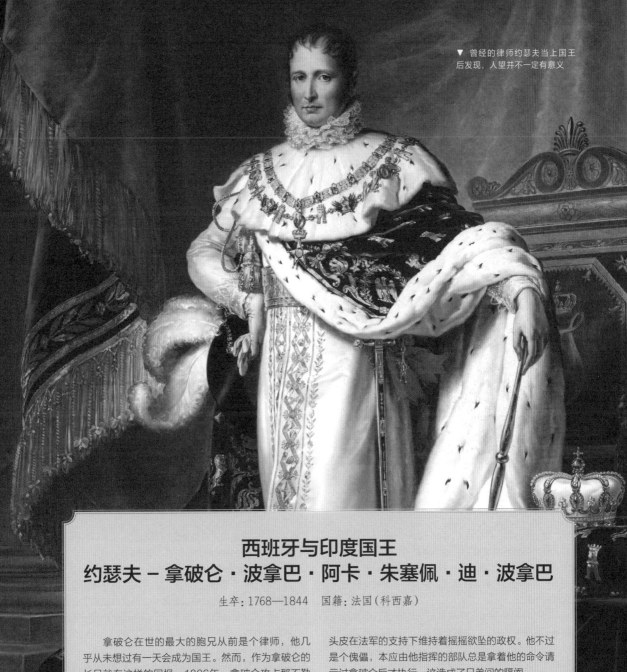

西班牙与印度国王
约瑟夫－拿破仑·波拿巴·阿卡·朱塞佩·迪·波拿巴

生卒：1768—1844　国籍：法国（科西嘉）

拿破仑在世的最大的胞兄从前是个律师，他几乎从未想过有一天会成为国王。然而，作为拿破仑的长兄就有这样的回报。1806年，拿破仑攻占那不勒斯和西西里后，将约瑟夫推上宝座。约瑟夫很珍惜这一角色，他以拿破仑的法国为榜样，在自己的新王国推行改革。1808年，约瑟夫的改革步伐在不断加速时，被若阿基姆·缪拉取代，而他成了西班牙国王，心中大为不快。

约瑟夫在那不勒斯很受欢迎，但在西班牙却遭人嫌弃，人们侮辱他，称他为笨拙的醉鬼。约瑟夫的到来引发了反抗，他担心无法有效治理，于是提出退位；然而他的弟弟充耳不闻，他闷闷不乐，只好硬着

头皮在法军的支持下维持着摇摇欲坠的政权。他不过是个傀儡，本应由他指挥的部队总是拿着他的命令请示过拿破仑后才执行，这造成了兄弟间的隔阂。

约瑟夫在一个自己从不向往的王国中感到沮丧不满，1813年最终退位。他在美国定居了一段时间，据说为了维持其在北美中部法国社区的新生活，他卖掉了西班牙王冠上的一些珠宝。约瑟夫去世前返回欧洲，因为1832年拿破仑二世去世，他被提名为皇位候选人，但他没有做出任何回应，反而隐居起来。毫无疑问，他反思过一个律师是难以成为国王的，而且不是一次，是两次！

达尔马提亚公爵
让－德迪厄·苏尔特

生卒：1769—1851　　国籍：法国

▲ 集军人、律师、劫掠者于一身的达尔马提亚公爵总是在选边站时站到自己这一边

让-德迪厄·苏尔特（Jean-de-Dieu Soult）其人并非那么热爱拿破仑，他洞察世事，但从不露声色。他曾经是让·维克多·马里·莫罗的同志、朋友，但莫罗最终被拿破仑流放。他当然不喜欢拿破仑这样对待莫罗。

苏尔特野心很大，作战英勇，他通过四处劫掠积累了大量个人财富。拿破仑退位时，他现出真实面目，摇身一变，担任波旁王朝的战争大臣。拿破仑回归后，他又倒向拿破仑，在滑铁卢奋勇杀敌。

拿破仑遭遇滑铁卢后，苏尔特被流放了很短一段时间。1820年他以法国元帅的身份重返巴黎，宣称自己是保皇党人，再一次成为波旁王朝追随者。没有几个人能像苏尔特这样见风使舵且时时奏效，他就是那种只忠于自己的人。

奥尔施泰特公爵
路易－尼古拉·达武

生卒：1770—1823　　国籍：法国

▲ 拿破仑去滑铁卢时，把最骁勇善战的指挥官留在巴黎守卫后方

这位职业军人在埃及服役期间引起了拿破仑的注意，拿破仑安排他与自己的家人联姻。

路易-尼古拉·达武（Louis-Nicolas Davout）是18位元帅中最年轻的，但他的军事才能毋庸置疑。他在奥尔施泰特战役中以寡敌众，仍奋力击败了普鲁士人，因此受到嘉奖，被授予公爵头衔。达武一直堪称常胜将军，直到远征俄国时在克拉斯内（Krasnoi）失利。

达武曾在汉堡下令驱逐数千人，使他们在寒冷的冬天因寒冷和饥饿而丧生，因此得到了心狠手辣的恶名。拿破仑后来将达武擢升为战争大臣，滑铁卢战役期间在巴黎后方留守。战役失利后，是他劝说拿破仑离开巴黎的。

拿破仑从未原谅达武。达武最初感到很耻辱，但他最终回心转意，重新支持拿破仑，而拿破仑也认可了他非凡的军事才能。

里沃利公爵 安德烈·马塞纳

生卒：1758—1817　国籍：撒丁

安德烈·马塞纳（André Masséna）最初只是个商船上的侍应生，在法国大革命战争的战场上他一战成名，成为拿破仑最青睐的指挥官之一。1797年，他在里沃利采取果断行动，迫使奥地利军队投降，威名传遍法国。

三年后，马塞纳在瘟疫肆虐的热那亚指挥筋疲力尽的被围部队，与奥地利军队周旋，使拿破仑得以在马伦戈展开行动。然而，他的奖赏竟是被解职，因为被围的法军从热那亚撤退，没有坚守到最后，拿破仑对此大为光火。

1804年，马塞纳重获信任，被授予帝国元帅军衔，再次担任法军指挥官。他指挥能力卓越，有广泛的社会声望，波旁王朝复辟后，他的军职也得以保留。但是，他对派系斗争毫无兴致，选择退隐山林，在巴黎平静地度过了余生。

▲ 军人、战略家安德烈·马塞纳在经历事业的辉煌之后，期待平静地生活

威斯特伐利亚国王 热罗姆－拿破仑·波拿巴

生卒：1784—1860　国籍：法国（科西嘉）

拿破仑最小的弟弟热罗姆-拿破仑·波拿巴是法国海军的一员，19岁就在巴尔的摩与伊丽莎白·帕特森结婚。拿破仑被激怒了，他竭尽所能说服教皇取消他们未经许可的婚约，但是教皇没有听命于他。虽然热罗姆想尽力改变拿破仑的想法，但拿破仑还是利用手中的权力，拒绝伊丽莎白入境，并强迫他们离婚。

这种粗暴的干涉成了他们手足相处的常态。1807年，热罗姆被立为威斯特伐利亚国王，拿破仑认为他必须有一位王后，但绝不允许热罗姆选择伊丽莎白。拿破仑安排热罗姆迎娶符腾堡的卡塔琳娜，他认为卡塔琳娜比那个巴尔的摩姑娘合适多了。

然而，热罗姆对治理国家并不感兴趣，他更热衷于像国王一样生活。拿破仑希望热罗姆把威斯特伐利亚治理成模范的法兰西附庸国，而热罗姆只沉醉于奢靡浮华。拿破仑想给弟弟一个教训，他命令热罗姆率领一个军团进军明斯克。但热罗姆却心不在焉，在行军途中依然保持豪奢的生活方式，出行的排场很大。

热罗姆对国家根本谈不上什么治理，拿破仑下台后他才发现自己一无所有。后来他以蒙特福特亲王的身份在北美和欧洲度过了一段时光，然后回到法国的政治中心，一直很活跃。拿破仑三世统治期间，他被公认为帝国皇位继承人，但从未当过皇帝。1850年，热罗姆在失去王位多年后被授予法国元帅称号。

▲ 作为威斯特伐利亚国王，热罗姆可不管哥哥怎么想，一心要过上奢华的生活

纳尔逊与
特拉法加海战

对英国来说，特拉法加是抗击法国入侵的最后希望；
对纳尔逊而言，这是他与极其恐怖的对手的最后一战。

弗朗西斯·怀特 / 文

1805年10月21日午前，舰队司令霍拉肖·纳尔逊子爵站在旗舰"胜利号"的甲板上，西风轻轻地在海上吹拂，远处，法西联合舰队的护卫舰清晰可见。几周来，他一直耐心地等待时机，反复推演战术，周密计划行动的每个细节。现在，时机终于到来，他向舰队发出了战斗的信号。不到五个小时的时间里，他将赢得一场胜利，因此而扬名于世，也命丧于此。

这一天纳尔逊将被铭记为英国最伟大的英雄之一——一位勇士、一位指挥官、一位胜利者。1758年9月29日，纳尔逊降临人世，他是十一个兄弟姐妹中的老六，从小体弱多病。父母非常担心他活不下来，早早就给他做了洗礼；然而他却成为戎马一生的战士，他频频遇险，却总能化险为夷。

纳尔逊的家族并不算无名之辈，但并不富有，父母必须利用自己的人脉才能确保子女们拥有稳定的前程。纳尔逊的妈妈凯瑟琳·萨克林是英国历史上第一位首相罗伯特·沃波尔的远房亲戚。然而很可惜，他妈妈在他9岁那年就去世了。对他一生影响最大的是舅舅，他12岁时就到舅舅莫里斯·萨克林船长麾下的"合理号"上开始了海军生涯。

纳尔逊参加海军的时候，处在最低的军阶。或许因为他是一个大家庭里的第六个孩子，他把荣誉看得高于一切。这种出人头地的内在要求增强了他的职业责任感，他很快就引起上司的注意并得到晋升。对一个严重晕船的少年来说，这极

"纳尔逊守卫土伦港，第一次与一名叫拿破仑·波拿巴的法国炮兵军官交了手。"

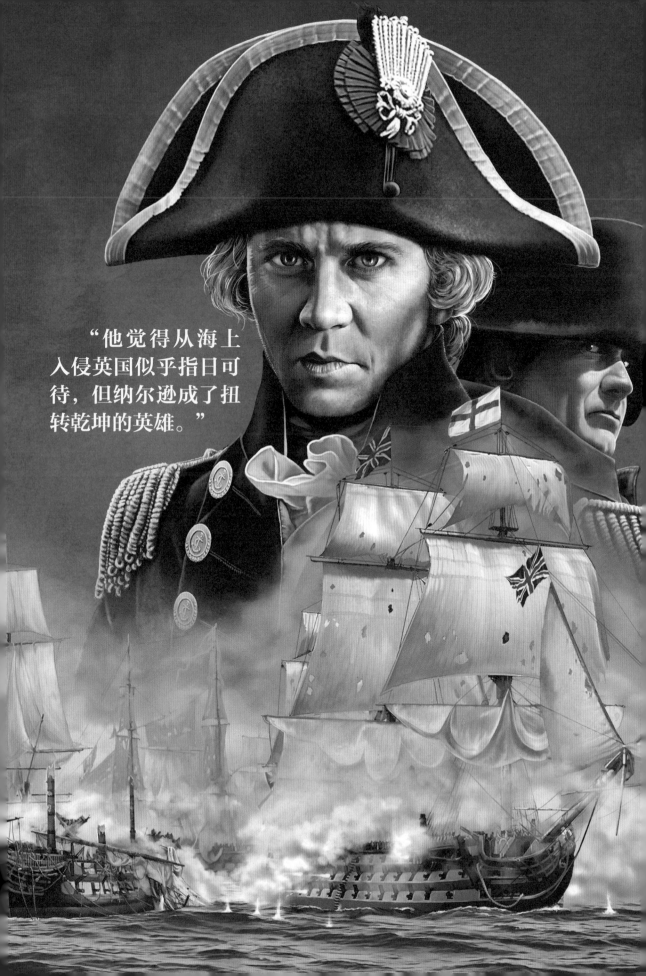

"他觉得从海上入侵英国似乎指日可待，但纳尔逊成了扭转乾坤的英雄。"

揭秘纳尔逊的海军部队

工作与战争

水手通常是从少年时开始职业生涯的，但战争时海军舰队还额外需要6万名水手，其中可能包括从未出过海的人。技术性工作由大约20%的水手完成，其余人员则要从事繁重体力的劳动。

食物和饮品

军舰上的食品质量良莠不齐，肉用盐腌制后放在桶中保存。大部分食品又干又涩，味如嚼蜡，但可以保证正常的三餐供应。水手们每天有权喝一加仑啤酒，因此船上醉酒是海军的一个大问题。

纪律与惩戒

船上的军纪很严苛，其实陆地上也是一样。船上的规章被称为《战争条款》，变节、叛国、潜逃或鸡奸等行为可能会被处以绞刑。具体的惩罚形式有轻有重，鞭刑是其中比较轻的。

健康与卫生

水手的生活环境狭窄、潮湿，因而疾病猖獗，1810年皇家海军的死者中有50%死于疾病。船上的手术水平极其低下，常用截肢的方法处理受伤的肢体，战役中被切割下来的肢体常常装满很多浴缸。

薪酬与福利

贫穷迫使许多人出海当兵，除了年薪外，从俘获的敌方船只中获得的财富也会根据等级在水手间进行分配。船长享有其中的八分之三，但纳尔逊经常抱怨自己的收获不足，因为他被派去的地方都不够富饶。

> "英国很清楚拿破仑想要的战果就是侵占英国，并最终摧毁英国。"

其令人钦佩。

完成几次穿越大西洋的航行之后，纳尔逊在"卡拉克斯号"上谋到了一个职位，以期获得更丰富的经验。为了找到传说中前往印度的西北通道，那艘船正进行穿越北极的探险之旅。这是一次非常危险的航程，最终没有成功，船只被迫返航。但在途中，这位15岁的热血少年竟决定在冰面上追逐北极熊。幸亏冰面突然裂开，把年轻热血、无知无畏的任性少年跟猛兽隔开，他才在最后一刻躲过了死亡的威胁。

这个热血少年在东印度群岛登上"海马号"，人生中第一次目睹了军事行动。虽然只是简单的互射炮火，但纳尔逊仔细观察，积累了经验。他学习能力很强，海军战术一点就通，因而染上疟疾被解职对他的打击很大。然而，对抗疾病是纳尔逊面对的又一场战斗，这令他无比沮丧。对于一个决心建功立业的人来说，即将不明不白死去令人难以接受，他最终以豪情和达观战胜了病魔。带着强烈的爱国情怀和自信果决，纳尔逊通过中尉晋升考试并再次起航，这次他将深

▲ 在特拉法加海战中，纳尔逊身上金光灿灿的勋章很容易引起法国狙击手的注意，把他当成具有很高价值的目标

▼ 这幅19世纪的画作展示了濒死的纳尔逊躺在哈迪船长的臂弯里，战斗仍在继续

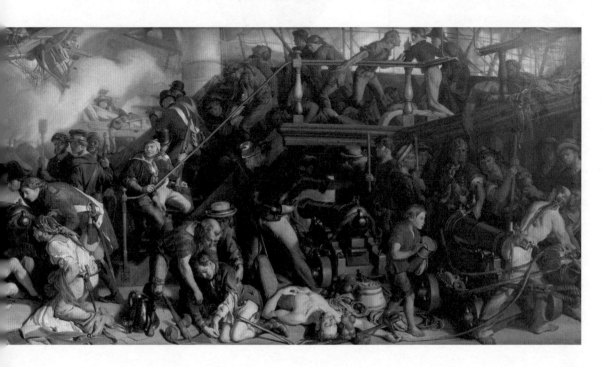

纳尔逊的疾病与创伤

纳尔逊在战斗中总愿意冲在最前线，
因此在整个海战生涯中他经历过各种各样的伤病。

1771 1771年，纳尔逊开始海军生涯，也开始与一名水手最糟糕的噩梦——慢性晕船进行旷日持久的斗争。纳尔逊一生都没能克服晕船的困扰。

1776 1776年，纳尔逊第一次患上了反复发作的疟疾。这第一次染病就差点要了他的命，但也使他产生了幻觉，有一个声音告诉他：他将成为一名英雄。

1780 1780年，纳尔逊在圣胡安频频染病——痢疾、黄热病、胸痛，甚至因食用有毒水果而中毒。

1781 1781年，在伦敦期间，纳尔逊抱怨左臂和左腿一直令他疼痛难耐。他左手的手指肿大、苍白、麻木。

1782 1782年，跟当时的许多水手一样，纳尔逊和他的船员也罹患坏血病，而且这种疾病反复发作，后来纳尔逊将军想方设法在他的舰队里消灭了这种疾病。

1787 1787年，纳尔逊返回西印度群岛时，因发烧而病倒，而且非常严重。一桶朗姆酒已经备好，以便在他去世后保存尸体。

1794 1794年，在法国巴斯蒂亚，纳尔逊遭到石块重击，扬起的烟尘差点儿使他窒息而死。几天后，他又被爆炸掀起的泥土和石块击中，导致右眼失明。

1797 1797年，纳尔逊在战斗中被一颗滑膛枪子弹击中右肘。人们本来认为他已经没救了，但船上的外科医生锯掉他的前臂救了他的命。半个小时后，他就再次投入战斗。

1798 1798年，纳尔逊在战斗中被一块弹片击中。他断言自己命在旦夕，但是仍流着血继续指挥战斗。之后他一直饱受头疼的困扰。

1799 1799年，在西西里岛的巴勒莫期间，据说他认为自己得了心脏病，还伴有抑郁、头痛、恶心和消化不良等症状。

1801 1801年，纳尔逊再次宣称自己死亡将近，因为他的头部遭到重击、不断呕吐，但他很快又奇迹般地康复。

1805 1805年，在特拉法加海战中，纳尔逊的肩膀和脊柱被击中。他又一次宣称："我就剩最后一口气了。"这一次被他言中了。

入美国独立战争的战场。

　　年仅20岁的纳尔逊就被授予一艘护卫舰的指挥权。在第一次独立指挥作战时，他袭击了尼加拉瓜的西班牙定居点。战斗取得胜利，纳尔逊因其迅速决断、英勇作战受到赞扬。但胜利并未持续多长时间，因为整个英国部队几乎都感染了黄热病，纳尔逊自己也差点因此送命。1784年，他重回海上，这次他经历的却不是激烈的战斗和英勇的胜利。纳尔逊的任务是执行《航海法案》①。由于树敌众多，这位孤独的指挥官陷入了沮丧和绝望。他回到家中时发现亲戚们都不太欢迎他，他在长达五年的时间里没有工作，没有

任何应酬。

　　纳尔逊遭受生活的重创，但没有被击败。他与带着5岁儿子的寡妇弗朗西斯·尼斯贝特结婚，这使他这个才29岁却面容衰老的男人重获新生。与此同时，国外正在发生的大事将影响他未来的人生道路。法国人民正在起义，国王被杀，全世界都在观望。纳尔逊终于得到了一艘军舰：装备了64门炮的"阿伽门农"号。

　　纳尔逊的生活也终于焕发光彩：家中有一个爱他的妻子，在他的麾下有一条迅猛有力的舰船，还有一众令出即行的优秀船员。这种充满活力的生活使纳尔逊如鱼得水，他的事业开始蒸

▲ 现在"胜利号"战列舰就陈列在朴茨茅斯的历史造船厂

---

① The Navigation Acts，又译作《航海条例》，是指公元 1651 年 10 月克伦威尔领导的英吉利共和国议会通过的第一个保护英国本土航海贸易垄断的法案，该法案限制了英国殖民地经济的发展，因此成为激发美国独立战争的因素之一。——译者注

特拉法加海战

1805年10月21日

法西联合舰队
指挥官：皮埃尔·夏尔·维尔纳夫
舰队规模：40艘战舰
被俘舰船：21艘
被毁舰船：1艘
受伤：2538人
死亡：3243人
被俘：8000人

英军舰队
指挥官：霍拉肖·纳尔逊
舰队规模：33艘战舰
被俘舰船：0艘
被毁舰船：0艘
受伤：1208人
死亡：458人

英军舰队舰船名称		法军舰队		西班牙舰队	
01 胜利号	18 王权号	01 阿耳戈斯号	14 海神号	01 阿斯图里亚斯亲王号	
02 尤里亚卢斯号	19 贝尔岛号	02 阿喀琉斯号	15 布森陶尔号	02 阿尔戈英雄号	
03 鲁莽号	20 战神号	03 贝里克号	16 英雄号	03 圣伊尔德方索号	
04 海神号	21 雷鸣号	04 阿尔戈英雄号	17 雪貂号	04 圣胡安·内波穆塞诺号	
05 征服者号	22 柏勒洛丰号	05 赫耳弥俄涅号	18 奥尔唐斯号	05 蒙塔涅斯号	
06 利维坦号	23 巨像号	06 忒弥斯号	19 勃朗峰号	06 巴哈马号	
07 不列颠尼亚号	24 阿喀琉斯号	07 迅稳号	20 莱茵河号	07 莫纳尔卡号	
08 埃阿斯号	25 波吕斐摩斯号	08 鹰号	21 迪盖·特鲁安号	08 圣安娜号	
09 猎户座号	26 迅稳号	09 阿尔及利亚号	22 威慑号	09 圣胡斯托号	
10 阿伽门农号	27 复仇号	10 冥王号	23 科尔纳利号	10 圣莱安德罗号	
11 弥诺陶洛斯号	28 反抗号	11 激情号	24 强悍号	11 桑蒂西莫·特立尼达号	
12 斯巴达人号	29 王子号	12 不屈号	25 西皮翁号	12 圣奥古斯丁号	
13 天狼星号	30 雷神号	13 敬畏号		13 亚西西的圣方济各号	
14 月神号	31 无畏号			14 闪电号	
15 那伊阿得号	32 防御号			15 海神号	
16 泡菜号	33 非洲号				
17 企业家号					

纳尔逊的战术

海战通常遵循既定的战术，但纳尔逊另辟蹊径，在战争中敢冒风险并取得重大胜利。

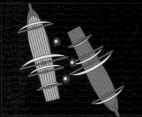

侧舷

由于船只几乎无法瞄准船首或船尾开火，因此所有枪炮都置于船的侧面。因此，船长在战斗中就要尽量以本舰炮舷面对敌舰侧舷，然后发动炮火攻击。这种战术就被称为"侧舷战术"。

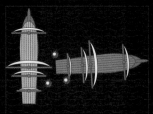

压制

侧舷攻击威力强劲，但也暴露在敌舰火力之下。如果舰船将侧舷转向敌舰的船首或船尾，就安全多了。这艘军舰侧舷的所有大炮可以一起开火，而敌人却无法还击。这就是所谓的"压制"。

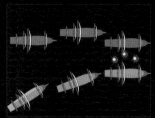

传统战列

战斗的主要目的是用己方战舰的侧舷面向敌人，以释放毁灭性的火力，所以舰队的船只要排成一条横队，发动连续的炮火攻击。通常，这会导致两列舰船平行航行，不断重复交换侧舷的方向。

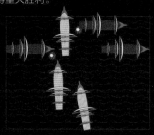

纳氏接触

在特拉法加战役中，纳尔逊冒险决定放弃传统战术，以直角方向攻击敌人的舰队。他的舰船在靠近敌方时会遭受猛烈的攻击，而一旦冲破战线，便可压制敌方的舰船，将其逐一歼灭。

蒸日上。那个热血沸腾的年轻人还在那里，但是他的另一面也正在展现，他也是一位卓越的指挥官、一个耀眼的天才。正是在此期间，纳尔逊守卫土伦港，第一次与一名叫拿破仑·波拿巴的法国炮兵军官交了手。

正是在这个充斥着革命、动荡和混战的时期，纳尔逊取得过一些鲜为人知但同样不可忽视的胜利，如1797年击败西班牙的文森特角之战和击败丹麦海军的哥本哈根之战。这位大胆的指挥官逐渐树立起威名。他的部下很崇拜他，因为他不仅足智多谋，而且还英勇无畏——但他也因此在激战中失去了右眼。纳尔逊在英国海军是敢于抗命的独特人物，他曾无视撤军的命令：有一次在哥本哈根战役中，他把望远镜举到那只盲眼前，假装看不到撤离的命令。纳尔逊坚毅英勇的英国精神为他赢得了一次又一次的胜利。他作为一个领导者深受爱戴，但年轻人寻求肯定和爱面子的心理在他身上仍有所显现。沮丧和自我怀疑是纳尔逊命中注定要对抗到生命最后一刻的心魔，是他所有的海战胜利和受到的表彰都无法战胜的仇敌。

1802年，英国与法国签署和平条约，但仅仅一年后，战争又爆发了。纳尔逊被任命为地中海舰队总司令，并在船上悬挂了自己的旗帜，这艘船——"胜利号"将永远与他的名字联系在一起。他的任务是封锁土伦，以防止那里的法国船只与大西洋上的船只以及驻扎在加的斯和卡塔赫纳的西班牙船只会合。英国很清楚拿破仑想要的战果就是侵占英国，并最终摧毁英国。有这些舰船力量的配合，侵入英国指日可待。如果它们合兵一处，就将形成一支无敌不可战胜的舰队，控制英吉利海峡易如反掌，这样一来法国皇帝便可摧毁英国，使其支离破碎。如今，挽狂澜于既倒，只有靠纳尔逊和他的海军了。

其实，法国将军皮埃尔·维尔纳夫（Pierre

纳尔逊的历史遗产

2000年，罗杰·奈特不再担任国家海洋博物馆副馆长，改行当了教师和作家。他最重要的著作就是屡获殊荣的《追逐胜利：霍拉肖·纳尔逊的生平与成就》（2005年），2015年该著作被翻译成法文，这是自19世纪以来破天荒的第一次。2016年9月，他为《康奈尔指南》丛书编写了一部纳尔逊的研究指南。以下是我们对罗杰·奈特的访谈。

纳尔逊及其精神在当今时代的影响力如何？

纳尔逊的精神传承有着悠久的历史。因为古板的维多利亚时代中期的民众并不赞同他与艾玛·汉密尔顿的婚外情，人们悄悄抛却了他的民族英雄身份。然而，当19世纪末德国海军的威胁出现时，他的英雄品质再次被希望加强海军军力的人们提起，纳尔逊重新回到人们的视野。

英国民众回忆起纳尔逊所向披靡的战绩，期望皇家海军在第一次世界大战中击败德国人，1916年日德兰半岛战役后，他们却感到失望。第二次世界大战期间，为提升部队的士气，人们再次提起纳尔逊的胜利和英雄气概。21世纪，皇家海军已不在全球范围内发挥作用，也无须捍卫什么帝国，规模只相当于20世纪中期很小的一部分。但纳尔逊的影响力犹在，他仍然是民族英雄中的佼佼者。全世界的海军专家仍在研究他的领导艺术和管理方法，以及在当时情况下如何别出心裁地把责任感传递给下属。如今，历史学者对于乔治王时代的海军军官、水手和舰船等有了更多的了解。有关纳尔逊的研究在叙述纳尔逊的胜利时也考虑到了其他历史人物和历史因素的作用。

纳尔逊的精神遗产中最难分析的部分，也许就是他一直被视为领导国家对抗强大拿破仑帝国的人，与他有关的记忆在很大程度上影响了英国与欧洲大陆的复杂关系。

▲ 两侧各装备50门火炮的"胜利号"上，水手们不知疲惫地为击败联合舰队而奋战

Villeneuve）也压力重重。联合舰队将在他的指挥下起航，他得确保协同一致，万无一失。尽管纳尔逊率领舰队就在附近埋伏，但维尔纳夫的舰队借助坏天气的掩护潜出了土伦港。纳尔逊意识到法军已经出动，马上出发追击。维尔纳夫已与一些舰船会合，但他们夺取英吉利海峡失利后，便带着舰队南下逃往加的斯。

拿破仑对维尔纳夫延误战机很不满，已经计划派人取代他。面对诘难，懦弱的维尔纳夫被迫离开港口，目前据他所知，附近没有试图攻击他的英军舰船。但不幸的是，他的判断大错特错。

当维尔纳夫第一次驶向加的斯时，纳尔逊已经回到家乡，25天后他制订了一个完美的作战计划。拿破仑再次把精力投向驻扎在奥地利的大军团，而非英格兰，他觉得从海上入侵英国似乎指日可待，但纳尔逊成了扭转乾坤的英雄。1805年9月15日，纳尔逊乘坐"胜利号"再次起航，他小心翼翼地保持着舰队的队形。维尔纳夫也想证明自己，殊不知自己正钻进纳尔逊设计好的圈套，被彻底拦截。

联合舰队背对着特拉法加海角，天边朝阳初现之时，英国人终于开始行动了。他们把舰队分为两个部分，一部由纳尔逊率领，另一部由柯林伍德领导。在"胜利号"上，纳尔逊下令中尉向舰队发出旗语："英格兰企盼每个男儿恪尽职守。"纳尔逊有很多优点：求知欲强，充满活力，以及一往无前。他的冒险精神和对个人荣誉的渴求可以引领他走遍世界，但正是他肩负的职责使他留在这里。那一天，纳尔逊灌输给下属们的就是面对恐惧和危险时应坚守的这份责任感。

士兵们的恐惧不足为怪。当时的海军战术几乎要求每场战斗都遵循一定的程序，即舰船横向列好阵势，再用侧面的大炮互相攻击。这种战术是过去海战不可或缺的一部分，参战的舰船因此得名"战列舰"。但是纳尔逊另辟蹊径，他打破常规，不像往常那样直面维尔纳夫的舰队，而是以两个编队从西部与敌舰成直角的方向发动进攻。这种战术也使纳尔逊和他的部下们面临巨大的风险，因为他们将暴露在联合舰队强劲有力、杀伤力十足的炮火之下。但是如果他们能够直插过去，便可以将联合舰队一分为三，各个歼灭。

英军舰船排成两条长队，就像两支利箭直插前方。它们在旗舰的带领下向联合舰队猛冲。这样的战法前所未见，法西联合舰队毫无防备。柯林伍德的"王权号"冲出队伍，法国的"激情号"利用侧舷向其开炮，但是已经太晚了。"王权号"压制住西班牙的旗舰"圣安娜号"，仅一轮攻击就产生了巨大的杀伤力，共摧毁14门火炮，消灭400名船员。与此同时，"胜利号"正向法军的"敬畏号"与"布森陶尔号"发动进攻。法军舰队里的舰船拥挤不堪，"胜利号"被迫撞向敌舰，并从侧舷近距离开火。

局势相当危险，很多下属敦促纳尔逊在战斗中保持安全距离，或者至少摘掉闪闪发光的荣誉勋章，但纳尔逊拒绝了。他之前已经多次死里逃生，但他却坚信自己将死在特拉法加。他已经向家人和密友告别。如果死去，他也要将勋章挂在胸前，轰轰烈烈地死在战场上。

"敬畏号"船索上的法国水手已经开始向"胜利号"甲板上暴露的水手开火。纳尔逊被击中前的几分钟，站在他身旁的一名水手被一枚炮弹炸成两半，但纳尔逊纹丝未动。无论是出于骄

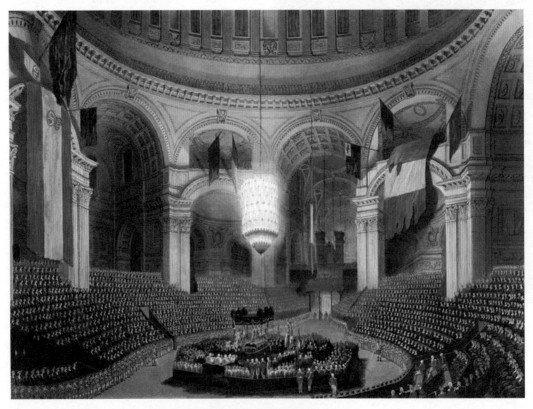

▲ 为纳尔逊举行国葬时，圣保罗大教堂中悬挂着被缴获的西班牙和法国战舰的国旗

傲、胆量还是勇气，纳尔逊选择留在甲板上。下午1点刚过，一枚滑膛枪子弹击中了纳尔逊，将他掀翻在地，他的脊椎被打断了，但仍在向水手们发出指令。他被抬到下面接受外科医生的检查，医生确认他已生命垂危。

尽管严重受伤、痛苦万状，但纳尔逊仍不断询问战场上的最新消息。他在去世前得知，英国舰队已经俘获了15艘敌舰。纳尔逊的冒险策略奏效了，他知道他已经赢了。当纳尔逊吸进最后一口气，爱戴他的旗舰船长哈迪亲吻了他的额头，纳尔逊说出了最后一句话："现在我很满足。感谢上帝，我已经履行了职责。"纳尔逊从不渴望漫长而舒适的一生，他是海洋的主人，也是喜欢冒险的人。当他离开这个世界时，他取得了最伟大胜利的消息响彻耳畔，他终于自豪地离开了。

纳尔逊的致命伤使他错过了战斗的高潮，当时3艘英国战舰击沉了法国旗舰"布森陶尔号"，维尔纳夫被迫投降。英军以巨大的生命代价，将联合舰队冲得七零八落。法军战舰"阿喀琉斯号"拒绝投降，船上所有人员都被炸死。战斗结束时，英军伤亡1666人，而法西联合舰队的伤亡总数接近14000人。法国和西班牙在战斗中损失了大约21艘船，而英国军舰则无一损失。拿破仑的入侵计划被彻底挫败。

特拉法加胜利巩固了英国的海上统治地位，后来延续十几年战争也无法将其撼动，从而确立了英国100多年的全球海上霸权。但是，纳尔逊去世的消息使这场胜利在英国本土黯然失色。出发之前他是英国的民族英雄，他的遗体回归时，则成为英国的烈士。因为纳尔逊要求将自己埋葬在陆地上，他的遗体被保存在一桶朗姆酒中运回。人们感激他，在圣保罗大教堂为他举行了盛

▲ 位于伦敦市中心的纳尔逊圆柱，一直提醒着人们纳尔逊将军为国捐躯的英雄事迹

大的国葬典礼，他的声望也因此飙升。他的形象被雕成塑像，被刻在纪念碑上，很多街道以他的名字命名，他的旗舰也得到精心地保养，作为最古老的海军现役舰船一直保存到今天。

纳尔逊从一个体弱多病的少年成长为英国历史上最伟大、最受爱戴的战争英雄之一，他的成长之路是不可复制的。他是英国精神的重要组成部分，著名的纳尔逊圆柱矗立于首都的中心。他在这里几乎拥有了神一般的崇高地位，是骄傲、责任和勇敢的源泉。他也是一个渴望证明自己的人，人生中大多数时间为自我怀疑所困扰。也许纳尔逊和英国在特拉法加最大的成就，不是一场海战的胜利，而是对抗并克服未知与恐惧的意志与勇气。

拿破仑改革与《拿破仑法典》

当上第一执政官和皇帝的拿破仑，
全面推行改革，制定了著名的《拿破仑法典》，
并按照自己的设想振兴法国。

凯瑟琳·柯曾 / 文

拿破仑上台执政时，法国仍处在混乱之中。革命的撕裂、贫困的挣扎使政府处于失灵状态，这正是变革的适当时机。拿破仑确信他就是那个冲锋陷阵的人。

拿破仑的第一项改革就指向政府。雾月政变推翻了五巨头共治的督政府统治，将其简化为第一执政官负责制，由第一执政官独自承担领导国家的职责。这位第一执政官就是拿破仑。

新宪法将更多的权力置于中央政府的掌握之下。地方政府要严格遵循中央制定的指导方针，对中央政府负责。各地由拿破仑任命的总督或市长来管理，地方政府与中央政府形成错综复杂的交叉联系，但每名官员最终都要听命于第一执政官。

由于社会连年动荡，法国经济也极度凋敝。拿破仑马上采取措施推动经济发展。以往的封建税收体系容易被滥用，即有的人缴纳沉重的税赋，有的人（通常是最富有的人群）却少缴，甚至不缴。拿破仑的改革废止了封建税制，依据个人财富状况评估税额，对最富有的人不免税，对神职人员也是如此。此外，拿破仑对被征服的国家课以重税，以增加法国国库的收入。

国家财政充实后，拿破仑将目光转向银行。他创立了法兰西银行，这是法国第一家国家银行。该银行是政府与私人的合资企业，持股人包括拿破仑自己和他的几名家庭成员，这些人也被拿破仑安排当上了国王和将军。

银行发放的贷款改变了法国的经济面貌，一些新作坊和工厂纷纷开业，为失业人群提供了就业机会。政府向农业投入了充足的资金，增加了农产品的产出，农村地区也获得了收益。饥荒似

CODE CIVIL
DES FRANÇAIS.

TOME PREMIER.

Cette édition stéréotype, conforme à l'édition originale et officielle, avec une *Table des Matières* nouvellement ajoutée, en deux tomes brochés en un seul volume in-18, se vend à Paris, chez

PIERRE DIDOT l'aîné, imprimeur, aux galeries du Louvre, nᵒ 3;

FIRMIN DIDOT, libraire, rue de Thionville, nᵒ 1850.

Prix broché :   1 f.   60 c.

Papier fin.   2   50
Papier superfin.   4   50
Papier vélin . . . .

▲ 《拿破仑法典》，即大众熟知的《民法典》，是对法国法律与自由的一次彻底革新

▲ 奥斯特利茨战役不仅对拿破仑来说是一场关键战役，对岌岌可危的神圣罗马帝国也是如此

乎很快就被消除了。

拿破仑一直标榜自己是一名士兵，因此军事成为一项产业就不那么令人吃惊了。为了塑造一支无敌之师，他向法国军队投入大量资金。现有的征兵体系仍然保留，拿破仑还创建了圣西尔军校，以培养优秀的未来军官。同时，国民公会创立的综合理工学院（École Polytechnique）被改造成培养科学家和军人的基地。过去在公务系统及部队的晋升往往依赖家族名望和人脉关系，现在人们则需要依靠自己的能力来获得升级。

拿破仑清楚，这些改革需要以良好的基础教育为支撑。他为10到16岁的男孩开办了国立学校，在这个美丽新世界，全法国的课程表都是标准化的。拿破仑成长于启蒙时代，他试图在新学校也体现这一时代特点，因此宗教教学只是丰富多彩的课程目录上的一小部分。然而，女孩却没有被涵盖到这项宏大的计划中来。拿破仑认为，女孩子终究会在家里接受必要的教育。

除了在国内发动改革，拿破仑也企望将法国的触角伸到北美地区。1800年，他与西班牙协商签署了《第三次圣伊德方索条约》，西班牙将控制了半个世纪的路易斯安那归还法国；1802年，北美地区对法国可能入侵的恐惧到达了峰值。但这是拿破仑罕见的错误决策。圣多明各发生起义，同时与英国再次开战可能性激增，法国在犹豫不决中未能及时控制住起义的局势。因为军队需要资金支持，拿破仑提出将路易斯安那出售给美国。美国欣然接受，以1500万美元的价格完成了收购。

拿破仑对北美的介入黯然收场，他要在法国周边施加更大的影响力。查理大帝建立的神圣罗马帝国历经千年风雨，现在被拿破仑分割瓦解。1800年拿破仑取得马伦戈战役的胜利后，于1801年与神圣罗马帝国皇帝弗朗茨二世签署了《吕内维尔条约》。条约规定将莱茵河西岸的德意志领土割让给法国，同时商定：因此受损的德意志君主都将以其他土地获得补偿。

此后拿破仑着手重新划定德意志地图，表面上是为了调整未受损失的君主与被小国蚕食的大国的领土，实际上是拿破仑按照自己的意志重新划定边界。

拿破仑重新划定欧洲地图后，国内稳定下

▲ 因自己的军队被法国击溃，神圣
罗马皇帝弗朗茨二世被迫退位

▲ 综合理工学院成为一所致力于打造新一代法国军人的高等院校

来，他将注意力聚焦到《拿破仑法典》上来。1804年3月21日法典颁布实施，9个月后拿破仑加冕为皇帝。《拿破仑法典》以法律的形式反映了法国大革命最初的诸多革新理念，其中公民自由居于核心地位。但与此同时，对当权者的保护也是法典的重要组成部分。

现行的法律体系模糊混乱，任由人们随意解读以谋私利。但是，《拿破仑法典》则试图建立一个适用于全体公民、理性明晰的法律体系。《拿破仑法典》受查士丁尼一世6世纪下令编纂的汇编式罗马法典《民法大全》的启发，完全以法律用语表述，不含任何宗教内容，旨在为现代法国的诉讼程序提供依凭。《拿破仑法典》指出，不论何种等级还是头衔的国民，人人平等，对平民机构的一切宗教束缚也被解除。但是，对于女性来说，事情并不那么乐观。

该法典规定妇女应服从其父亲或配偶，家庭财产由男子控制；在离婚时，男方也处于更为有利的位置。当然，这在19世纪的欧洲并不足为奇。

根据《拿破仑法典》，法律只有通过相应的司法程序才能适用，不能溯及既往，也不能秘密通过。《拿破仑法典》鼓励法官对法律做出相应阐释并为自己的决定负责，不能隐瞒法律条款，操控审判朝其支持的方向发展。为了确保法官的公正性，法官由执政官任命，而非选举产生，即他们不能被投票罢免，无须通过判决来偏袒更善游说或经济实力更强的一方。

1805年，在奥斯特利茨战役中，法军一举击溃奥地利军队，拿破仑对德意志国家的重组来到了关键一步，他成立了莱茵联盟，将横跨欧洲大陆的一众德意志邦国联合起来。奥地利已经被严重削弱，根据《普雷斯堡和约》还面临进一步灾难性的领土分割，地盘所剩无几。1806年8月6日，弗朗茨二世退位，神圣罗马帝国解散。

拿破仑的军事实力和他在战场上的战术、战略思想取得了巨大成就。他也将武力征服与他的政治抱负充分结合，这在其执政期间实施的改革中展露无遗。拿破仑将法国打造成他所期待的样子，同时为民众建立了他们从未有过的、坚实牢固的法律体系。《拿破仑法典》经过现代化与系统化的修订，至今仍在法国发挥作用，对全世界的法律体系产生着持续的影响。

统一的德意志

▲ 拿破仑被击败后，维也纳会议负责重划欧洲地图

拿破仑击溃不可一世的神圣罗马帝国，流放了神圣罗马帝国皇帝，创建了威斯特伐利亚王国，并委派他的弟弟热罗姆担任国王。他以为这样就一劳永逸地解决了德意志国家，但完全是打错了算盘。他对神圣罗马帝国的羞辱、对莱茵联盟国家的残暴统治使得那些君主渴望神圣罗马帝国的再次统一，德意志的民族主义思潮开始抬头。拿破仑被击败后，号召建立单一的德意志民族国家的呼声也比以往更高。

1815年，维也纳会议没有回应这些诉求，而是成立了德意志邦联，将之前神圣罗马帝国的现存成员国组织起来，置于奥地利帝国与普鲁士王国的松散框架下。这个邦联维系了多年，经历了很多外交争端、武力威吓及利益的龃龉，但正是这种不稳定的邦联形式为德意志的统一铺平了道路。拿破仑曾认为德意志的军事力量不可能再对法国的统治地位造成威胁，这显然是大错特错了。

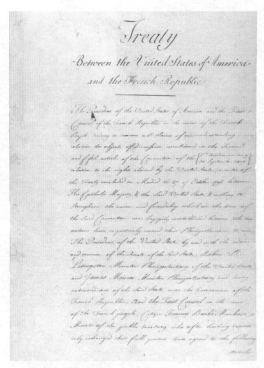

▲ 1803年，拿破仑售出路易斯安那，这对法国的北美时代来说是个令人蒙羞的结局

"根据《拿破仑法典》，法律只有通过相应的司法程序才能适用，不能溯及既往，也不能秘密通过。"

奥斯特利茨战役

拿破仑对欧洲的控制愈加强烈，
而一支85000兵力的联军已经集结起来，
企图彻底地终结拿破仑的侵略。

杰克·格里菲斯 / 文

▼ 奥斯特利茨战役是具有决定意义的一战，导致了第三次反法同盟的终结以及神圣罗马帝国的灭亡

波兰

德国

奥斯特利茨

捷克

斯洛伐克

奥地利

匈牙利

1805 年 12 月 2 日 摩拉维亚的奥斯特利茨战役

人物	目标	地点	原因	结果
法国大军团迎战第三次反法同盟的俄罗斯-奥地利联军。	这场关键战役的胜利者将成为中欧地区的主导力量以及三位皇帝中的至尊。	奥斯特利茨是摩拉维亚地区的一座小镇，距离哈布斯堡帝国的统治中心维也纳仅一百余公里。	因入侵英国不再是一个选项，拿破仑将注意力转向了奥地利和俄罗斯。	拿破仑赢得漂亮的一仗，导致神圣罗马帝国的覆灭与第三次反法同盟的瓦解。

进入19世纪之后，西欧一直处在战争状态，那些古老的帝国与重新崛起的法兰西第一共和国不断交锋。1803年，为了对抗拿破仑·波拿巴，第三次反法同盟形成。法国原想侵入英国，但在特拉法加海战中败给英国皇家海军，随后签订了《亚眠条约》，拿破仑开始将目光转向东方。在确保西班牙成为盟友之后，两个大国——维系苟延残喘的神圣罗马帝国的哈布斯堡王朝以及强大的俄罗斯帝国——阻挡了拿破仑的去路。两国军队分别由皇帝弗朗茨二世和沙皇亚历山大一世率领，一场大战即将在三位皇帝之间展开。

拿破仑是一位精明的战略家，有忠诚果决的大军团供其调遣。1805年9月，战争一开始，拿破仑的谋略便得以施展，法军在乌尔姆和慕尼黑对奥地利军取得了一连串的胜利。大军团似乎势不可当，他们迅速跨过莱茵河，深入欧洲大陆，当年11月攻占了维也纳。维也纳是哈布斯堡帝国的首都，它的迅速被占震惊了两个帝国，它们必须做出反击，反击的地点就在摩拉维亚王国的奥斯特利茨镇附近。那么，究竟是拿破仑更强大还是两个传统欧洲帝国更强大？

作战部署

战斗在普拉钦（Pratzen）高地打响。12月1日晨，雾气弥漫，三国军队的大批军团在此集结，等待上级的命令。俄罗斯人站在冬天的寒风中，他们坚信其强劲的炮火足以摧毁法国军团。奥地利骑兵装备着冰冷的铁甲，是世界公认的最优秀的骑兵部队。俄罗斯和奥地利两国联军总计85000人。

联军的将领们有把握阻挡法军前进的脚步，奥军参谋长韦罗特将军已经制订了攻击拿破仑的作战方案：攻击法军的右翼，迫使其向南退却，为联军空出一条重新夺回维也纳的通道。俄军将领巴格拉季昂率领先头部队，冯·布克斯赫夫登（von Buxhoevden）将军在其对面方向部署，空出中心地带以保证两翼的稳定。负责总体指挥联军行动的是米哈伊尔·库图佐夫（Mihhail Kutuzov）元帅，但他很快被推到一边，军队由沙皇亚历山大一世直接领导，而沙皇则急于发动一次全面进攻以击溃强大的大军团。

奥军和库图佐夫元帅主张以逸待劳，迫使拿破仑出击，但亚历山大一世太逞血气之勇，甚

至根本不考虑这一主张。他一意孤行，对总司令和幕僚的意见闭目塞听，更别提奥军将领了，因为几个月前奥军在乌尔姆大败已使他们失去了信任。

与此同时，拿破仑已经做好了战略部署。在没能阻挡两支俄军会合之后，法军选择奥斯特利茨作为驻扎地。被联军视作潜在弱点的法军右翼，是拿破仑故意示弱用以引诱联军的。如果克劳德·勒格朗（Claude Legrand）的第四军团能在这里牵制住俄奥联军，联军中部的空虚之处将唾手可得。白手起家的统帅拿破仑甚至骑着马和部队一起冲进鏖战正酣的战场，这种作战方式和老派的奥地利皇帝、俄罗斯皇帝完全不同。法军总兵力73000人，因为他们的第八军团在维也纳驻防，第二军团在监控阿尔卑斯山，第六军团驻扎在奥地利的克恩滕。狡猾的拿破仑派他的助手安妮·让·玛丽·勒内·萨瓦里去协商停战事宜以欺骗联军，让他们以为法军缺乏信心。与此同时，拿破仑的士兵已经整装待发。

拿破仑将军队建立在严格的纪律和优良的职业素养基础上，他在军中的支持度空前高涨，部队的士气也达到了顶峰。这场战役正值拿破仑加

▲ 拿破仑的炮兵师偏爱轻型大炮和榴弹炮，其中一部分是格里博瓦尔[①]系统火炮，另一部分属于共和十一年炮系

军力对比

指挥官	指挥官
拿破仑一世、克劳德·勒格朗、路易·亚历山大·贝尔蒂埃	亚历山大一世、弗朗茨二世、米哈伊尔·库图佐夫
作战部队	**作战部队**
皇家卫队、第一军团、第三军团、第四军团、第五军团、重骑兵以及龙骑兵预备队	皇家卫队、两支前锋部队、第一纵队、第二纵队、第三纵队、第四纵队（俄军）第三奥地利步兵旅、第五纵队（奥军）
火炮	**火炮**
139门	278门
胜负筹码	**胜负筹码**
大兵团久经沙场，训练有素，愿为皇帝加冕礼的周年纪念而赴汤蹈火	俄军大炮威力强劲，优于任何一门法军火炮

① Jean-Baptiste Vaquette de Gribeauval，法国炮兵军官、火炮工程师，彻底革新了法国大炮。他创造的新的火炮生产系统，可以在不牺牲射程的情况下使火炮更轻便，更整齐划一。——译者注

▲ 法国军队不仅组织严密，无懈可击，而且效忠于他们的皇帝并珍视法兰西的荣誉

冥周年之际，大军团在欧洲中部经历了漫长的行军之后筋疲力尽，此刻精神得到极大的提振。

联军意识到法军的疲惫，但他们也同样面临着问题。联军由70%的俄军和30%的奥军组成，所以很多命令都要在两种语言间来回翻译，很难执行复杂的战略部署。而且，他们还指望着来自西南方向的斐迪南·卡尔·约瑟夫大公与来自南方的意大利的卡尔大公和约翰大公的增援。援军由4000名奥军和12000名俄军组成，已经在赶往战场的路上，将在几天后到达。如果战役延后一点儿，联军的人数就会激增。然而，亚历山大一世完全没有考虑过这一点，他一心想速战速决。

战役打响

入夜，雾气仍然弥漫，很好地掩护了法军的部署。12月2日早7点前，联军侦察到法军正貌似惊慌失措地从普拉钦高地撤退。根据事先制订的战略，40000名俄军向南移动，攻向拿破仑的

"拿破仑甚至骑着马和士兵一起冲进鏖战正酣的战场，这种作战方式和老派的奥地利皇帝、俄罗斯皇帝完全不同。"

"大军团似乎势不可当，他们迅速跨过莱茵河，深入欧洲大陆。"

右翼，即从高地匆忙下撤的法军。

在山脊上，10500名法军正在待命。战斗在塔尔尼兹村（Telnitz）附近的哥德巴赫小溪两岸展开，这条小溪如分界线般将敌对的双方分开。双方交锋初期，俄奥联军控制了战场的主动权，他们的战略在逐步实施。但他们的战略进程在村子里遭到阻击，因为法国第三军团晚些时候到达那里，战场的形势变得对拿破仑有利。

敌人并未从中心地带移走整个部队，拿破仑的原始计划受挫，但他还有其他办法占据上风。达武将军接到拿破仑的命令，率领4300人从110公里外的维也纳驰援法军。在这场历史上最势均力敌的拉锯战中，达武将军用48小时便完成急行军，刚好及时到达法军右翼，当时法军右翼在联军的猛攻之下被压得抬不起头来。在索科尔尼采旧堡垒的阴影下，高地的控制权频繁易手，达武的部队最终打破了僵局，他们扭转局面，击溃了联军。尽管奥莱利（O'Reilly）的轻骑兵曾短暂重整旗鼓，但联军已开始溃逃。战局已经逆转，联军行动受阻。

高地争夺战结束后，战斗转向战场的左翼和中心地带。左翼一开始是骑兵冲锋，只见双方的战马迅速冲撞交错在一起。联军重整旗鼓后，中心地带的俄军皇家卫队向法军大营发射炮弹。3000名掷弹兵冲破了法国的第一道防线，但法军以密集的炮火拦截及时回应。俄国皇家卫队重新部署，对正在战场上构建防御阵地的法军进行精确的报复性轰炸。联军的骑兵随后攻击了被削弱的防御阵地，夺得了法军第四军团的鹰旗，这是他们在奥斯特利茨战役中取得的唯一战利品。

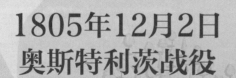

1805年12月2日
奥斯特利茨战役

01 部署与组织
拥有人数优势的俄奥联军对全面胜利成竹在胸，但是他们忽略了拿破仑的军事天赋。法国皇帝故意削弱自己的右翼，将力量集中在敌人薄弱的中心地带，吸引俄奥联军进入普拉钦高地的圈套。

05 法国人的突破
第一军团到达后，法军人数激增，联军短暂的成功戛然而止。当法军如潮水般发起毁灭性反攻时，俄军皇家卫队首先被击退，随后被彻底击溃。

02 高地之战
普拉钦高地村庄密布，战斗是激烈的近身战。这正中法军下怀，因为他们的人数劣势只有在开阔的战场上才是问题，渡过哥德巴赫河后，无须与敌军殊死搏斗就能破解困局。

06 亚历山大一世的重新考量
法军的优势动摇了联军领导层，他们正在迅速失去对战役的控制。如今，库图佐夫将军已经负伤，亚历山大一世惊慌失措。联军在撤退过程中做出了一连串造成严重损失的误判，亚历山大一世也逃离战场。

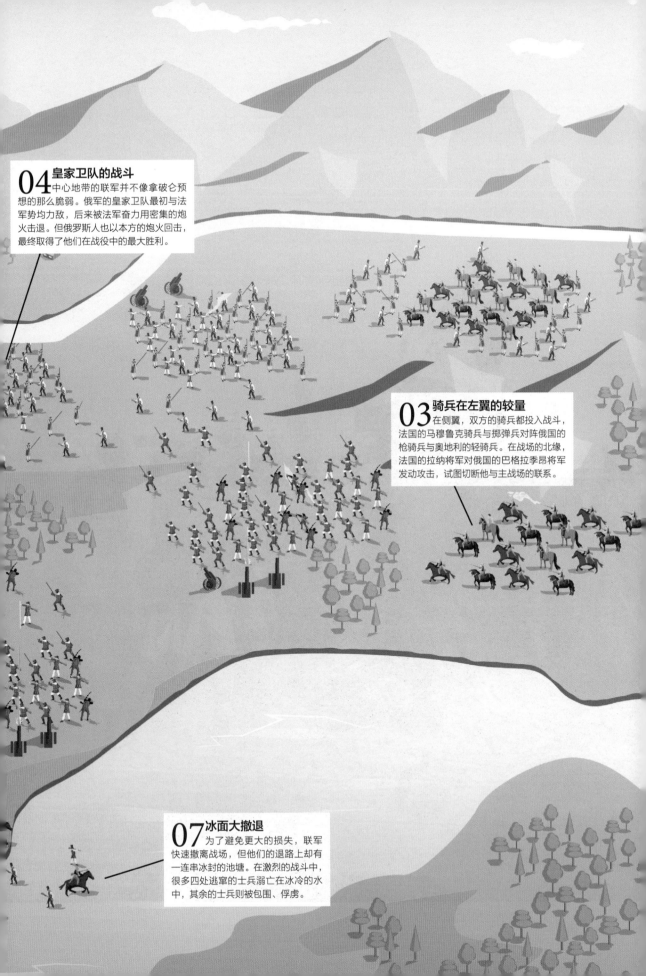

04 皇家卫队的战斗
中心地带的联军并不像拿破仑预想的那么脆弱。俄军的皇家卫队最初与法军势力均敌，后来被法军奋力用密集的炮火击退。但俄罗斯人也以本方的炮火回击，最终取得了他们在战役中的最大胜利。

03 骑兵在左翼的较量
在侧翼，双方的骑兵都投入战斗，法国的马穆鲁克骑兵与掷弹兵对阵俄国的枪骑兵与奥地利的轻骑兵。在战场的北缘，法国的拉纳将军对俄国的巴格拉季昂将军发动攻击，试图切断他与主战场的联系。

07 冰面大撤退
为了避免更大的损失，联军快速撤离战场，但他们的退路上却有一连串冰封的池塘。在激烈的战斗中，很多四处逃窜的士兵溺亡在冰冷的水中，其余的士兵则被包围、俘虏。

> **"俄国皇家卫队重新部署，对战场上构建防御阵地的法军进行精确的报复性轰炸。"**

看到争夺中心地带的战斗即将失利，拿破仑派出了自己的皇家卫队，效果立时显现。俄军皇家卫队的优势迅速消失，再也未能保持住防线，轻而易举地成了他们的法国对手——第一军团的活靶子。这一轮猛攻瓦解了联军的中军，但左翼的战斗仍在激烈进行。联军被一分为二，缺少了连接的核心。现在，法军各师团全面压制被打散的俄军和奥军，从四面八方发起总攻。

战斗激烈地进行到下午，年轻的法国将军拉纳正在向北面发动进攻，试图击垮巴格拉季昂率领的奥地利师。他离胜利只有一步之遥，却遭到阻击，一个奥地利炮兵连及时插入阵地。奥地利人仍在奋力还击，没有像拉纳期待的那样被切断与大部队的联系。但是，沙皇亚历山大一世分析战场形势时，意识到联军参谋部与主要部队的联络被阻断，已经无法有效指挥战斗，拿破仑已经占据上风。

夺回高地

在战场的右翼，经过一对一的残酷厮杀，如今法军已占领高地，但面对同样骁勇善战的联军，他们的优势无法充分发挥。交战双方都使用同样简陋的火器，即当时最流行的0.69英寸口径

▲ 奥斯特利茨战役后，拿破仑会见了弗朗茨二世
◀ 联军获得唯一的重大胜利是俄军夺得了法军第四军团的鹰旗

▲ 俄军途经冰封的萨昌湖撤退，但拿破仑的炮火击碎了冰面，很多士兵溺亡

的滑膛步枪。这种武器精度差，效率低，射出的很多子弹都打不中目标，有时还会误伤自己人。这就意味着，大部分战斗是惨烈的白刃战。

　　奥斯特利茨战役中主要使用刺刀和长矛两种武器，双方都奋勇向前，战斗十分血腥残酷。在近距离的战斗中，双方都有炮火支援。尽管联军部署了更多大炮，但法军的炮火打击更有效，频率更高。联军的炮火缺乏连贯性，导致强悍的奥地利骑兵无法实施有效的进攻，往往太过靠后而无法对法军战线造成持久的破坏。在战役后续阶段，沙皇亚历山大一世发现胜利的希望越发渺茫，于是逃离战场。恰在此时，联军的库图佐夫将军因为负伤而被迫留在安全的预备队中治疗。

联军现在无人领导，无法有效地协同作战。因此，战场北面的俄军枪骑兵孤立无援，导致400名士兵伤亡。

　　俄奥联军身后是大量结冰的池塘，被称为萨昌（Satschan）湖。面对追击而来的法军，联军无路可退，只能从冰面上逃窜。沉重的大炮和幸存的马匹超出了冰面能够负荷的重量，法国人迫近时，很多联军士兵掉进冰冷的水中，惨遭冻死。其余的士兵要么被大炮炸死，要么一上岸便被俘虏。

　　当代的一些说法声称，联军在萨昌湖的死亡人数被极度夸大，但即使如此，联军群龙无首，遭遇挫败并溃不成军几乎是不可避免的。胜利的

大军团打扫战场时发现，11000名俄军和4000名奥军倒毙在泥淖之中。法军俘虏12000人，缴获俄军大炮180门。随着俄军撤回本土、奥军向法国投降，疲惫不堪的法国人终于可以松口气了。

影响

也许拿破仑并未如他希望的那样彻底击败对手，但他运筹帷幄战胜了奥地利和俄罗斯。拿破仑的胜利如此辉煌，很多人注意到，这位法国皇帝从此开始脱离现实，想入非非，他开始雄心勃勃地构想属于他自己的拿破仑式欧洲。

12月2日晚，列支敦士登的亲王约翰·约瑟夫一世踏入法国行营，商讨和平协议。大军团的君主同意了亲王的提议，两天后他与弗朗茨二世会面。经过多次进一步协商，《普雷斯堡和约》达成。12月26日，条约签署，军队被击溃的奥地利被迫割让土地，而法国是最大的受益方。法国将的里雅斯特与达尔马提亚①置于其统治之下，还占领了莱茵河东岸与巴伐利亚和普鲁士接壤的广大地区。拿破仑很擅长安抚普鲁士，因此普鲁士并未与其发生争端。作为回报，他允许自己的手下败将无条件统治汉诺威。

奥地利的结局比其他国家都更糟糕，不仅被迫赔款4000万法郎，最严重的是，延续了一千年的神圣罗马帝国被迫解散。在奥斯特利茨战役中，法国军队对封建君主国家军队的胜利是战争史上的一个重要转折点。

在俄军中，贵族仍然担任最高职务，并经常依靠殴打体罚来维持秩序。这意味着军官通常训练不足，特别是与拿破仑训练有素、能适应新战略战术的大军团相比，差距明显。甚至有报告称，俄国的弗里德里希·威廉·布克斯赫夫登将军居然在战斗中喝醉了。随着第三次反法同盟的瓦解，旧的政治军事结构和观念体系基本上被摧毁了。

除了拿破仑的法国，奥斯特利茨战役后的欧洲，一片愁云。第三次反法同盟被击溃，俄国已经出局，只有英国仍走在自说自话的帝国之路上。但和平并没有持续太久。当1806年普鲁士人更加不信任法国的时候，欧洲再次走进战争。

---

① Dalmatia，一个位于克罗地亚南部、亚得里亚海东岸的地区，东接波斯尼亚和黑塞哥维那。——译者注

拿破仑与宗教

拿破仑知道，宗教对他建立帝国的雄心来说是一个挑战，
但他决心直面这一挑战。

凯瑟琳·柯曾 / 文

拿破仑建设并巩固那个即将无可匹敌的国家时，很快认识到在法国及其决心创立的帝国里宗教举足轻重的地位。他理解法国民众与天主教会之间复杂而深切的关系，他或许比前代统治国家的政客们更加清楚赢得法国笃信天主教的多数派赞同的必要性。

大革命期间，国民公会将宗教与以往政体的紧密联系视作危险，在法国掀起了"去天主教"运动，试图消灭宗教，取缔公开礼拜和宗教象征。革命政府主动倡导"理性崇拜"，教堂里面供奉理性女神，变成了宣扬理性的庙宇。1795年，政教分离终于实现，宗教活动重新获得允许，但必须在法律的严苛约束下进行。

拿破仑比他的前任有更长远的眼光。他认同宗教的社会价值，不仅在于宗教是赢得宗教界反对派支持的一种手段，也出于更为实际的原因。虽然他本人对宗教并不虔诚，但他知道与天主教徒成为朋友而不是敌人将大有裨益，因为他们不仅会为医疗保健和教育等基础项目提供经济援助，而且没有哪个团体拥有比他们更广泛的社会影响力。如果使教会成为其政权的朋友，教会将在全国支持和宣传其政权的思想理念。

然而拿破仑并非一直都与天主教会关系良好。1796年，拿破仑成为第一执政官的几年前，其军队入侵意大利，击败了他们遭遇的教皇部队，迫使教皇庇护六世求和，并于1797年达成和约。当年年末，罗马爆发骚乱，造成一位著名的法国将军马蒂兰·莱昂纳尔·迪福的死亡，他是被教皇军队射杀的。他的遇害给了拿破仑所需的占领罗马的借口。1798年2月10日，法军接管了罗马，拿破仑同时宣布由一个新的罗马共和国取代教皇国，而教皇庇护六世必须放弃自己的权力。当然，教皇拒绝了。他遭到监禁并悄悄地从意大利押往法国，在艰辛的跋涉后到达法国德龙（Drôme）。他最终在德龙去世，享年81岁，是当时历史上在位时间最长的教皇。

▲ 如这幅寓意画所示，《1801年政教协约》将法国政府与罗马天主教会联系在一起

庇护六世死后也没有得到安息。在将近六个月时间里，他的尸体经过了脱水、防腐处理，但并未下葬，直到拿破仑想借助其宣传价值时，才允许将已故的教皇下葬。那时候他已经谋划在法国重建天主教会，因此需要将去世的教皇入土为安以表尊重，于是拿破仑将其遗体运回罗马，举行天主教式的葬礼。

1797年9月通过果月政变建立起来的督政府，花了两年时间试图使法国世俗化。但是1799年拿破仑被任命为第一执政官的几个月后，便开始推翻督政府做出的决定。他试图有限地恢复法国的天主教，以安抚天主教及其信徒，然而由于力度不够，并没有多大收效。于是拿破仑赦免被流放的教士，重新开放了更多教堂。但毫无疑问，教会是在君主制的权威下恢复其功能的。

1801年7月15日早上，拿破仑与教皇庇护七世签署《1801年政教协约》，格外清晰地反映了他对天主教会重要性的认识。《1801年政教协约》阐明，法国政府与罗马天主教会达成和解，天主教会多数派宗教的地位得到认可，但至关重要的是，天主教不再是法国国教。作为回馈，教会放弃了对大革命时期损失财产的追索，同意在法国政府的许可下开展宗教活动。根据《1801年政教协约》的条款，教士必须宣誓效忠国家政府，而政府则负责支付他们的工资，确定其教区的管辖范围。只要天主教会不引起社会骚乱，他们享有礼拜的自由，但主教的任命权只属于拿破仑。同样，所有来自罗马的训令都要加盖政府的公章。在拿破仑的法国，梵蒂冈教廷的权威微乎其微。

毫无疑问，这显然是拿破仑与教皇日益交恶的开端。几年以后，拿破仑加冕为皇帝，他决定请教皇出席典礼。然而，他却回避了一些加冕典礼的传统，以表明教会无权凌驾于其政权之上。虽然教皇参加并主持了仪式，但并未按照传统由他来为新君加冕，尽管这是9世纪查理大帝登基以来就形成的惯例。拿破仑取而代之，自己将皇冠戴在头上，毋庸置疑，他才是自己命运的主宰。

另一方面，拿破仑也毫不犹豫地利用教会来美化自己。他承认升天日、诸圣日和圣诞节等宗教节日，他还增设了一个新的节日——圣拿破仑日，以替代波旁王朝的圣路易日。为了进一步宣扬自己是天选之人，拿破仑加冕为意大利国王时使用了宗教的意象和语言，将自己确立为上帝的受膏者。拿破仑对运用权力与排场十分在行，对他来说，宗教是国家的一种藏起锋芒的武器，是可以被控制的，也能用来控制他人。

◀ 法国军队开进罗马，做出抵抗的教皇庇护六世被流放

▲ 被逐出教会令拿破仑恼羞成怒，他派拉代将军去逮捕教皇

　　尽管教皇庇护七世出席了拿破仑的加冕典礼，但天主教会与法国的关系并非看起来那样和睦。拿破仑继续当他的皇帝，继续侵蚀教皇的土地，梵蒂冈无可奈何，教皇也很沮丧。他参加拿破仑的加冕典礼，试图与其建立良好的关系，但并没有起到多少效果，而这种世俗的关系本来也没什么值得称道的。拿破仑还将《1801年政教协约》推广到法国本土以外的领地，以1801年

他主张的方式对宗教实施控制。1805年，为了在进军奥斯特利茨期间牵制亚得里亚海湾里的英军舰队，拿破仑派军占领了属于教皇国的安科纳（Ancona）。庇护七世沮丧不已，他写信给拿破仑，问法国拿什么来回报教会对法国的体谅与忠诚。拿破仑直到奥斯特利茨战役取得胜利后才回信，语气相当不客气。他告诉庇护七世他很清楚天主教会在英国和俄国的利益，这封来信成了

NAPOLÉON LE GRAND,
rétablit le culte des Israélites, le 30 Mai 1806.

▲ 当拿破仑给予整个法兰西帝国的犹太人自由时，很多人称颂他的恩德

压倒骆驼的最后一根稻草。双方爆发了口水战，庇护七世要求法国将威尼斯交还给罗马，而拿破仑的回信充满愤怒。

后来的几年中，双方的关系依然很僵，法国继续侵蚀教皇的土地。 1808年，庇护七世用他唯一能采用的方式回击。他虽然没有军事实力，但可以采取消极进攻的方式。当拿破仑提名主教的时候，庇护七世便依据《1801年政教协约》赋予他的权利将其驳回。1809年，拿破仑以吞并罗马的方式予以回击，这将教皇逼入绝境。

教皇将拿破仑逐出教会。面对这样的侮辱，法国皇帝暴怒，宣称教皇一定是疯了，应该将其监禁。为了强调这一点，他占领圣天使城堡，将大炮直接瞄准教皇的卧室。事态似乎已经恶化到了极点。然而，当艾蒂安·拉代将军听说拿破仑

教堂里的较量

1796年拿破仑与约瑟芬·博阿尔内结婚，约瑟芬比拿破仑大6岁，是一名寡妇，大革命时期失去了丈夫。根据当时法国的社会习俗，他们举行了世俗婚礼，没有采用宗教礼仪。

8年后，拿破仑的使者红衣主教约瑟夫·费斯（Joseph Fesch）前往罗马邀请教皇庇护七世参加拿破仑在巴黎圣母院举行的加冕典礼，见证他作为法兰西皇帝登上大位。在过去，教皇的角色非常重要，君主要由他加冕；但这次拿破仑打算为自己加冕，只让教皇来主持仪式。这对教皇来说是降格，但对拿破仑意义重大：教皇的出席将清楚地表明梵蒂冈与法国正保持着良好的关系。

教皇接受了邀请，但有一个条件。如果他出席加冕典礼，拿破仑和约瑟芬必须先举办一场正规的天主教婚礼。虽然拿破仑夫妇这些年来对自己的世俗婚礼一直相当满意，但拿破仑还是答应了这个条件，以确保教皇没有借口拒绝主持仪式。1804年12月1日，拿破仑夫妇在红衣主教费斯的主持下以天主教礼仪举行了婚礼。尽管婚礼是秘密举行的，但对教皇来说足

▲ 庇护七世同意主持拿破仑的加冕典礼，条件是拿破仑和他已结婚8年的妻子约瑟芬再举办一次天主教婚礼

矣。正如拿破仑期望的那样，他加冕为法国皇帝时，加冕典礼由庇护七世主持。

▲ 拿破仑与庇护七世签署了《枫丹白露政教协约》，但这位教皇很快就后悔了

对教皇有多么愤怒之后，带领一小队士兵翻过教皇寝宫奎里纳莱宫的围墙，闯进宫中。在一片混乱之中，教皇庇护七世被劫持。

绑架教皇的消息传到拿破仑那里，他决定不释放教皇，而是将其软禁起来，这样一关就是5年。教皇因维护尊严而身陷囹圄，他在拿破仑手下的遭遇引起了广泛同情。拿破仑了解到庇护七世已经将其流放地萨沃纳变成了一个新的传教中心，这位暴躁的君主决定将其转移到枫丹白露宫，教皇历经千辛万苦的跋涉才最终到达。就在那里，1813年版的《枫丹白露政教协约》被呈到了教皇面前。

这份新协议遭到教皇的反对，他发现其中的内容很不友好，尤其是很多条款都在压缩罗马教会的权力，增加法国主教的权力，同时进一步削减教皇的领地，压缩天主教教区。饱受折磨、身心俱疲的庇护七世最终同意了其中10个值得进一步讨论的条款，条件是对公众保密。然而，拿破仑将协议公开发表了。在签字两个月后的3月，庇护七世撕毁了协议，拿破仑则无视这一事实。但形势瞬息万变，随着拿破仑最终下台，《枫丹白露政教协约》停止实施。百日王朝期间，拿破仑确认《1801年政教协约》继续有效。该协议

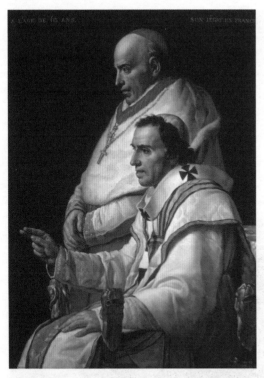

一直沿用至1901年。

　　拿破仑的宗教政策不仅针对天主教，他还解放了新教国家的天主教徒和天主教国家的新教徒。他也解除了对犹太人的限制，极大地提升了他们的权利；他希望将他们吸引到法国来，以享有这些权利。拿破仑甚至召集了犹太教大公会，该名称来自历史悠久的犹太立法机构——犹太教公会。犹太教大公会审议了关于法国犹太人的12个议题，包括婚姻、权利和拉比任命等问题。尽管人们期待大公会能回应这些问题，但也认为他们会给出拿破仑想要的答案，而大多数人正是这么做的。实际上，人们觉得他对待犹太人的做法不可思议，俄罗斯东正教教会甚至将他称为"反基督者"。

　　1807年，拿破仑认定犹太教是法国的一种合法信仰，同时认定的还有新教，当然也包括天主教。1685年至1787年，新教在法国遭到全面

▲ 教皇庇护七世和红衣主教卡普拉拉主持拿破仑的新皇加冕仪式

▲ 教皇庇护七世成为天主教会与拿破仑抗争的标志，赢得了信众的支持

被逐出教会的皇帝

尽管拿破仑并不笃信任何宗教，但他实际上是个罗马天主教徒。他并不遵循天主教教义，也一定不那么虔诚，但他仍是教会的一员，这意味着他有可能被逐出教会，只要教皇认为有理由这么做。

拿破仑派兵攻占罗马并将其吞并为法兰西帝国的一部分，为教皇提供了太多驱逐他的合适理由。后来他颁布了两项法令，严厉地谴责教皇及其前任们多年来的作为，还组建了一个机构取代梵蒂冈来管理罗马，最后还降下了教皇的旗帜，向全国释放了一个非常明确的信号。

教皇庇护七世做出回应，颁布诏书宣布将拿破仑逐出天主教会。这成了他们漫长、残酷的拉锯战的开端。听说自己被驱逐以后，拿破仑给他的妹夫缪拉（他是那不勒斯国王）写信怒斥教皇，说他一定是疯了，应该马上关起来，免得他做出更出格的决定。这些头脑发热时写下的狠话，直接导致教皇庇护七世被劫持、流放，这确实极大地损害了拿破仑帝国与其统治下的罗马天主教徒的关系。

▲ 教皇庇护七世将拿破仑逐出教会后，拿破仑开始反击，结果导致了他的退位与放逐

禁止，当时罗马天主教是国教。后来由于革命政府试图使国家世俗化，新教进一步遭受打击。但是，拿破仑当政后，一切都在改变，罗马天主教的国教地位被废除。1802年，拿破仑的《教会组织条例》正式承认新教在法国的地位，让新教教士参加国家典礼，并由政府发放工资。

拿破仑对宗教的态度展现在社会的各个层面。他知道宗教在社会中占有的位置，宗教礼仪不仅具有区分民众的作用，也有联合民众的作用。拿破仑自己并不笃信宗教，但他将宗教视为文明社会的基石。他更青睐天主教，又认为把天主教定为国教是不可取的。

然而，宗教最终对于拿破仑的覆灭也起到了重要作用。他对教皇庇护七世的所作所为以及在《枫丹白露政教协约》中的侮辱性条款，抹杀了他在位期间为赢得天主教徒支持所做的大量努力。从占领教皇国到劫持教皇，法国与梵蒂冈的关系迅速破裂，不过这种敌对并没有持续很久。在拿破仑垮台以后，维也纳会议将大部分教皇国原有领土归还给梵蒂冈，教皇庇护七世也返回罗马，甚至对被废黜的拿破仑家族实施了制裁。拿破仑在生命的最后岁月与天主教会达成和解，他留下的遗嘱是：他希望在最后一次呼吸时，按照天主教会的仪式死去。即使像拿破仑这样的征服者，在面对最大的挑战时，宗教的位置似乎也不可替代。

拿破仑一世与
玛丽·路易丝

尽管妻子拼尽全力，拿破仑还是缺少一个男性子
嗣继承他的庞大帝国，因此只好离婚再娶。

梅拉妮·克莱格 / 文

1796年3月9日，拿破仑和约瑟芬低调结婚。仅两天后，拿破仑把她留在巴黎，率领新部属入侵意大利。约瑟芬是个精于世故的贵族寡妇，她的第一任丈夫在"恐怖统治"时期被送上断头台，当时人们都认为她屈尊下嫁，但他们夫妇的角色很快就翻转过来。仅仅几年之后，她便站到了丈夫身后，显然是愉快地当起了低眉顺眼的贤内助。

虽然拿破仑一开始无比迷恋约瑟芬，但约瑟芬对他的热情相当不舒服，甚至懒得回复拿破仑频繁寄来的情书。拿破仑收到证据证实，他在埃及作战期间妻子找了一个情人，他对妻子的感情很快冷却下来。尽管他们最终和解，但拿破仑已不再忠于妻子。他们表面上还是夫唱妇随，其实婚姻已经进一步陷入困境，因为比拿破仑大6岁的约瑟芬即使依靠医疗辅助，也无法怀孕。约瑟芬在第一次婚姻中已经有了两个孩子，她极力使拿破仑相信，是拿破仑身体有问题——但很快她

的如意算盘就落空了，拿破仑的一个情妇怀孕并生下一个儿子。由于拿破仑的妹夫也跟该女子发生过关系，孩子的亲生父亲是谁尚存疑问。但拿破仑以此作为自己能够生育的明证，他开始悄悄地计划离婚。不过，他还不急于付诸行动，他依然爱着自己的妻子，很舍不得她。

1804年12月，拿破仑加冕为法兰西皇帝，他想要建立一个王朝，就如同被大革命推翻的波旁王朝那样强盛辉煌的王朝。随着野心的膨胀，他对男性继承人的渴求也越来越急迫。约瑟芬竭尽所能，甚至游说拿破仑接受她的外孙拿破仑·夏尔（约瑟芬的女儿奥尔唐斯与拿破仑的弟弟路易的儿子）做继承人，但也无法阻止不可避免的离婚。后来这个男孩在1807年夭折，拿破仑也拒绝这个男孩的弟弟（他后来登上了皇位，即拿破仑三世）做他的继承人。拿破仑已经年近四十岁，他意识到时间不多了。他暗示，他要跟约瑟芬离婚，找一个新妻子，建立真正属于自己的家族。

▼ 这幅乔治·鲁格1811年的杰作描绘了拿破仑与玛丽·路易丝的婚礼场面，画家故意模仿了大卫描绘拿破仑与第一任妻子约瑟芬加冕礼的著名画作

这种痛苦的局面一直拖到1809年11月。拿破仑终于通知惊慌失措的约瑟芬：他要结束他们的婚姻，为他让路是约瑟芬必须履行的义务，这样他才能为帝国创造一个继承人。1810年1月10日，朝廷里的大部分官员见证了夫妇俩盛大的离婚仪式，约瑟芬屈服了。拿破仑与妻子分开的确很痛苦，毕竟他爱了她差不多十四年。但他似乎很快就恢复过来了，开始忙着再寻一位妻子。

作为欧洲的征服者、完美无缺的法兰西新皇，他从一开始就决心要找一位最优秀的伴侣。他还热切希望自己未来的新娘应该年轻，而且来自生育能力强的家族，甚至无耻地称其为"长腿的子宫"，臣属们听得瞠目结舌。形势很快明朗，只有两位竞争者：沙皇亚历山大一世的漂亮妹妹，15岁的女大公安娜·帕夫洛夫娜；奥地利皇帝弗朗茨二世的女儿，18岁的女大公玛丽·路易丝。玛丽虽然不那么漂亮，却娇羞可人，最重要的是，她来自一个子嗣众多的著名家族。

起初，拿破仑更喜欢俄国的安娜，但他很快失去耐心，改了主意，因为沙皇亚历山大一世不想看到妹妹嫁给法兰西皇帝，没能按拿破仑所谓的礼节及时回复拿破仑的提亲。亚历山大的犹犹豫豫让拿破仑倍感羞辱，他一如既往地直来直去，派他的继子欧仁·博阿尔内去奥地利驻巴黎大使馆，希望玛丽·路易丝接受拿破仑的求婚，而且要求马上做出决定，24小时内签下婚约。倒霉的奥地利大使冯·施瓦岑贝格侯爵拼命想多争取一些时间，以确保征得奥地利皇帝的同意，但没能奏效。他被迫屈服，接受了拿破仑的提亲，只能暗自希望他的决定不会导致他外交生涯的

"拿破仑已经开始忙着筹备一场华美的婚礼。"

▲ 在圣克卢举行完世俗婚礼^①仪式后，拿破仑和玛丽·路易丝的婚礼队伍浩浩荡荡地进入巴黎，然后沿着香榭丽舍大街进入杜乐丽宫

① 如前文《拿破仑与宗教》所述，法国大革命后掀起"去天主教"运动，倡导民众脱离教会，主张世俗婚礼，即"双方不用在教堂举行婚礼，只要有一个证婚人即可"。——译者注

▲ 拿破仑希望他的第二次婚礼应该尽可能办得恢宏盛大，他们应该沿着卢浮宫大走廊在一万多位宾客的注视下走过

终结。

　　玛丽·路易丝刚刚听说拿破仑已经开始跟他父亲协商婚约，吓得六神无主。作为在法国大革命中死于非命的玛丽·安托瓦内特的侄孙女，她无论如何都不想嫁到法国去，这实属人之常情。在更为个人的层面，她从小就被灌输拿破仑是个凶残粗俗的暴发户，是劫掠欧洲的怪物。嫁给这样的家伙——在奥地利皇室眼中背信弃义、崇尚暴力的下流货，成为法国的统治者，让她心生恐惧。她也很爱自己的家人，她很清楚，如果她像40年前的姑祖母那样远嫁巴黎，就没什么机会能回家、回奥地利见到他们了。

　　但是，玛丽·路易丝从小就接受教育要服从她的父亲，因此当得知婚姻在即，她没有提出任何异议，只说"我只希望是我的职责令我如此"。如果她知道拿破仑已经在忙着筹备一场华美的婚礼，她或许会对咄咄逼人的未婚夫更心甘情愿一些。拿破仑亲自监督了富丽奢华的新娘服饰的制作，其中包括约瑟芬最喜欢的设计师勒鲁瓦设计的64件新礼服，也包括精致考究的珠宝，譬如镶嵌钻石和翡翠的全套首饰（包括头饰、项链、耳环和发梳的珠宝套装）价值就超过300万法郎。为了新婚妻子，他将原来约瑟芬的房间重新装修为"处女白"颜色，他甚至还相当乐观地为儿子订购了一些微型制服，他有十足的把握他们在一起会生出儿子来。过去10年间，他将亲戚们安排到欧洲各国的王座上，并安排他们与各个王室联姻，现在轮到拿破仑自己了，他要办一场最盛大的皇室婚礼——他决心把婚礼办得更时尚、更气派。

奥地利的玛丽·路易丝

1791年12月12日，玛丽·路易丝出生在维也纳的霍夫堡宫，是玛丽·安托瓦内特的侄子奥地利的弗朗茨大公的第一个孩子，她的妈妈是那不勒斯与西西里王国的玛丽娅·特蕾莎，是她爸爸的嫡表妹。弗朗茨大公在玛丽·路易丝出生一年后继承了父亲的皇位，当上了神圣罗马帝国皇帝，于是她在哈布斯堡王朝富丽堂皇的维也纳宫廷度过了童年时光。

由于姑祖母玛丽·安托瓦内特的悲惨命运，她从小就被教育要憎恨法国，但她还是接受了全面的法语教育，她的英语、意大利语、拉丁语和西班牙语也很流利。她与拿破仑的婚姻将让拿破仑无比欢喜，特别是1811年3月20日，恰在她与拿破仑相见将满一年时，为拿破仑生下了他企盼了20年之久的儿子。

1814年，她在丈夫最终溃败后回到了维也纳，被授予帕尔马女公爵头衔。1821年拿破仑去世后，她嫁给了自己的情人亚当·冯·内珀格（Adam von Neipperg）伯爵，在此之前他们已经秘密地生育了三个孩子。

▲ 玛丽·路易丝极为腼腆，更愿意尽可能待在公众视野之外，但在罗伯特·勒费夫尔1814年绘制的这幅肖像画中，她举手投足之间极具皇后风范

▲ 宗教婚礼仪式之后，拿破仑和玛丽·路易丝在杜乐丽宫主持了一场盛大的宴会，入夜后前往拿破仑妹妹的城堡参加舞会

▼ 拿破仑曾公开把他未来的新娘称为"长腿的子宫"。所以当她生出一个健康的儿子时，拿破仑当然心花怒放

"拿破仑在等待新娘到来期间几乎坐立不安。"

1810年3月11日，盛大的代理婚礼①在霍夫堡宫旁的奥古斯丁教堂举行，新娘的叔叔奥地利的卡尔大公代替拿破仑出席。两天后，玛丽·路易丝离开维也纳——或许是永远的离开，她沿着跟玛丽·安托瓦内特1770年走过的几乎一样的路线前往法国。在途经的城镇，她受到了皇室宗亲及当地名流的热情款待。在奥地利与德意志边界的布劳瑙，她见到了由拉波尔蒂伯爵贝尔蒂埃元帅和她丈夫的妹妹，那不勒斯王后卡洛琳·缪拉率领的法国迎亲团。在他们两人的监督下，举行了传统的移交仪式。在仪式上，玛丽·路易丝换下了原属奥地利的每一件物品，换上全套的法国装束，正式加入法国的迎亲团完成剩下的旅程。

这位新皇后看起来并不喜欢卡洛琳，而拿破仑的妹妹这一边却回报巴黎说，她很喜欢玛丽·路易丝，虽然她长得不那么漂亮，但她"金发迷人，手脚匀称，端庄大方，总之非常温婉可人"。她们途经德意志时，访问了慕尼黑和斯图加特，接受了符腾堡国王的款待，然后继续赶往斯特拉斯堡。拿破仑在等待新娘到来期间几乎坐立不安，因为报告里说她只是"远远地"看起来很漂亮，更糟的是，她比拿破仑高挑很多。他宣称："我不在乎她漂不漂亮，只要她心地善良，给我生几个健康的儿子，我就把她当成世界上最美的女人来宠爱。"

3月27日，一个糟糕的雨天，拿破仑和玛丽·路易丝在巴黎附近的贡比涅城堡第一次相见。玛丽·路易丝一见面就说拿破仑比他的肖像画英俊多了，新皇后一下子赢得了丈夫的心。夫

▲ 玛丽·路易丝和幼儿时期的拿破仑二世在一起的油画肖像，弗朗索瓦·热拉尔绘于1813年

妇俩应该在当晚主持一场盛大的宫廷聚会，但迫不及待的拿破仑已开始为玛丽·路易丝安顿寝宫，随后便寸步不离，以尽快行夫妇之伦。第二天早上，他看起来神清气爽，而玛丽·路易丝显然一点儿也没被他的热情搞得惊慌失措。

4月1日，世俗婚礼（这是大革命后法国的法律所要求的）在古老而美丽的圣克卢宫举行，包括约瑟芬的孩子欧仁和奥尔唐斯在内的所有朝廷和皇室成员都来观礼。只有约瑟芬不在邀请之列，其实是玛丽·路易丝强烈反对她出现。但是，约瑟芬却得体地说，拿破仑娶了奥地利的女大公，她很开心，她的牺牲是值得的。

第二天，皇帝夫妇与巨大的婚礼队伍一起浩浩荡荡地正式进入巴黎城，他们经过尚未完工的

---

① A proxy wedding，结婚的一方或双方因客观原因不能到场，通常由他人代理完成法定仪式，即代理婚礼。——译者注

▲ 玛丽·路易丝和几个弟弟妹妹在一起，他们很亲近。这幅感人的画作描绘了她跟家人最后的分别，她将离开维也纳前往法国

凯旋门，沿着香榭丽舍大街到达杜乐丽宫，准备在那里举行宗教婚礼。婚礼在杜乐丽宫毗邻卢浮宫的方形大厅举行，大厅中展出的画作都被摘了下来，变成了一个金碧辉煌的临时礼拜堂。

这对新人和他们的随从款步穿过大走廊，万余名宾客在那里夹道欢迎，直到他们走进礼拜堂。礼拜堂里还有400名宾客等待观礼，婚礼由拿破仑的叔叔红衣主教费斯主持。玛丽·路易丝身着拿破仑为她定制的绣金婚礼礼服，戴着精美的珠宝翠钻，显得光彩照人。她的新郎身穿点缀着波拿巴家族金蜜蜂标志的白色缎子礼服，套着红色天鹅绒夹克和披风，头戴一顶巨大的黑色天鹅绒帽子，帽子上装饰着白色鸵鸟毛和原属于路易十六的大钻石，显得同样英俊潇洒。

此后，没机会观礼的人们在巴黎街头尽情享受拿破仑提供的大量免费葡萄酒和食物，而这对新婚夫妇及其随行人员则在杜乐丽宫华丽的厅堂共享婚礼盛宴，然后他们乘马车出发前往郊外的讷伊城堡，那里属于拿破仑的妹妹，博尔盖塞亲王妃波利娜。

他们在城堡里享用了豪华的宴席，结束时还观看了一出为他们特别排演的短歌剧。城堡里还布置了玛丽·路易丝童年居住的维也纳美泉宫的微型复制品、烟花表演、活雕像，花园中闪烁着成百上千盏小彩灯，把花园变成了一个神奇的仙境。但令人遗憾的是，几个月后奥地利大使举办的庆祝舞会不太成功，一场可怕的大火提前终结了舞会，还有几名客人遇难——幸运的是，拿破仑和已经怀孕的玛丽·路易丝在大火发生后及时撤离。

◀ 奥地利女大公玛丽·路易丝嫁给拿破仑时只有18岁，而拿破仑比她大22岁

半岛战争

占领伊比利亚半岛的消耗使法国的
补给能力达到崩溃的临界点。

汤姆·加纳 / 文

法军入侵葡萄牙

1807 年 10 月 18 日，10000 多名法军士兵越过西班牙边境。11 月 30 日，朱诺（Junot）将军兵不血刃占领里斯本。法军驻扎在西班牙，但与其西班牙盟友相处并不融洽。

1807年	1808年5月	1808年7月—1809年1月	1808年8月

5月2日起义

1808 年 3 月，法军占领马德里，废黜了西班牙王室，约瑟夫·波拿巴（拿破仑的长兄）取而代之成为国王。马德里的一场大规模起义被残酷镇压，数百人被处决，激起了更大范围的革命。

▼ 弗朗西斯科·戈雅的画作描绘了 1808 年 5 月 2 日，法兰西帝国的马穆鲁克骑兵在马德里向暴动市民挥起马刀的情景。这场镇压引发了半岛战争

法国人变本加厉

1808 年 7 月西班牙在拜伦（Bailén）取得胜利，拿破仑随后亲率 20 万老兵参战。他的部队迫使约翰·摩尔爵士指挥的小股英军部队从海路撤离西班牙。摩尔在拉科鲁尼亚遇难，但他的部队得以保存。

维梅鲁战役

英国－葡萄牙联军在阿瑟·韦尔斯利（Arthur Wellesley）的率领下在维梅鲁（Vimeiro）击败朱诺，法军被迫签署协议，从葡萄牙撤军。但韦尔斯利却被指控放走法军，暂时被人替代。

◀ 在维梅鲁战役中法军对阵英军步兵时，拿破仑的进攻战略第一次无法发挥作用

◀ 拜伦战役后，近18000名法军被迫投降。但讽刺的是，西班牙这场大胜竟导致法军对西班牙更大规模的占领

▼ 法军占领里斯本之后，葡萄牙王室被迫逃亡巴西

维多利亚之战

威灵顿率领 121000 名英国、西班牙与葡萄牙联军从葡萄牙北部出击，在维多利亚之战中击败了约瑟夫·波拿巴。这场战役标志着拿破仑在西班牙的统治土崩瓦解。

▲ 约瑟夫·波拿巴从维多利亚逃离。这位前西班牙国王在19公里的路上陆续抛下了马车、行李和财宝，它们迅速被英军哄抢一空

▼ 比达索亚战役是14世纪至15世纪的百年战争以来英国第一次成功入侵法国

布萨库战役

经过努力争取，韦尔斯利重回西班牙，官复原职的韦尔斯利（现在被称为威灵顿子爵）在布萨库（Buçaco）战役中艰苦奋战，最终战胜法国的马塞纳元帅。在这场颇负盛名的战役中，重建的葡萄牙军对胜利发挥了重要作用。

威灵顿入侵法兰西

维多利亚战役后，威灵顿率军艰苦奋战，跨过比达索亚河（River Bidasoa）挺进法国南部。贝拉（Vera）的战斗非常激烈，1813 年 10 月 7 日联军最终渡河成功。

◀ 葡萄牙军在布萨库战役中做出的重要贡献突显半岛战争的确是盟军在对抗法军

| 1810年9月 | 1812年1月—4月 | 1813年6月 | 1813年10月 | 1814年4月 |

▼ 英军在围攻巴达霍斯的战斗中阵亡2000人，攻破城池后，士兵们在复仇的怒火中在巴达霍斯肆意杀戮、强暴和劫掠

罗德里戈与巴达霍斯之围

对威灵顿来说，必须攻克西班牙与葡萄牙边境的要塞才能挺进西班牙。但这些要塞显然很难突破，英军为此牺牲了成千上万名士兵，在巴达霍斯尤甚。

图卢兹战役

半岛战争延烧到法国的最后一场重要战役在法国南部城市图卢兹打响。但拿破仑 4 天前已经退位，这场战役在某种程度上失去了意义。

▼ 防守图卢兹的法军有42000人，而威灵顿的胜利之师有50000之众，其中五分之一是西班牙军队

半岛战争（1807—1814）的热点地区

争夺伊比利亚半岛的战争是一场浩大的战争，三个国家参战，展开了大量血腥的攻防战役。

1 维梅鲁战役

1808 年 8 月 21 日 葡萄牙维梅鲁
朱诺将军以经典的法国纵队攻击威灵顿的英军，英军则以横队迎战，击败了朱诺的军队。朱诺损失了 2000 名士兵和 13 门大炮。

2 第二次围攻萨拉戈萨

1808 年 12 月 20 日—1809 年 2 月 20 日 西班牙萨拉戈萨
法军经过血战从西班牙手中夺取了萨拉戈萨城，这场战役因其惨烈而闻名于世。据估计，包括士兵和平民在内有 54000 名西班牙人因为疾病和巷战遇难。

3 塔拉韦拉战役

1809 年 7 月 27 日—28 日 西班牙塔拉韦拉（Talavera）
威灵顿共统率 55000 名士兵，但其中的 35000 名士兵是不太合作的西班牙人，面对法国的 46000 名士兵，大部分临阵脱逃。英军独自承担了正面战场的压力，最终依靠猛烈的炮火将法军击退。

4 拉科鲁尼亚战役

1809 年 1 月 16 日 西班牙拉科鲁尼亚
拉科鲁尼亚战役堪称拿破仑时代的敦刻尔克大撤退，约 27000 名英军士兵成功地在拉科鲁尼亚从海路撤退。在占有数量优势的法军紧逼之下，这场成功的防御战确保了英军的撤离。

4

布萨库战役
1810年9月27日 葡萄牙布萨库

阿尔梅达之围
1810年7月25日—8月27日 葡萄牙阿尔梅达

6

萨拉曼卡战役
1812年7月22日 西班牙萨拉

丰特斯-德奥尼奥罗战役
1811年5月3日—5日 西班牙丰特斯-德奥尼奥罗

法军攻占里斯本
1807年11月30日 葡萄牙里斯本

拉阿尔武埃拉战役
1811年5月16日 西班牙拉阿尔武埃拉

1

5

巴达霍斯之围
1812年3月16日—4月6日 西班牙巴达霍斯

加的斯之围
1810年2月5日—1812年8月24日 西班牙加的斯

巴罗萨战役
1811年3月5日 西班牙巴罗萨

▲ 著名的英军统帅约翰·摩尔爵士（左图）在拉科鲁尼亚阵亡。据说，人们心中的悲痛堪比对纳尔逊勋爵在特拉法加海战中阵亡的哀伤

圣塞瓦斯蒂安之围
1813年7月7日—9月8日 西班牙圣塞瓦斯蒂安

奥尔泰兹战役
1814年2月27日 法国奥尔泰兹

圣马西亚尔战役
1813年8月31日 西班牙伊伦附近

图卢兹战役
1814年4月10日 法国图卢兹

▲ 在圣塞瓦斯蒂安围城战役中,科林·坎贝尔率领一支"敢死队"在战斗。当时坎贝尔才21岁,后来成为一名陆军元帅

"1808 年 3 月,法军占领马德里,废黜了西班牙王室,拿破仑的长兄约瑟夫·波拿巴取而代之成为国王。"

五月二日起义
1808年5月2日 西班牙马德里

拜伦战役
1808年7月16日—19日 西班牙拜伦

6 罗德里戈城之围

1812年1月7日—20日 西班牙罗德里戈城
这座要塞扼住了从葡萄牙通往西班牙北方的门户。英军对城墙狂轰滥炸,直到炸出两个缺口。威灵顿随后下令冲锋,英军在付出极大代价后取得了胜利。

7 布尔戈斯之围

1812年9月19日—10月21日 西班牙布尔戈斯
2000名法国士兵驻守在卡斯提尔的首府。威灵顿的围城部队遭遇连日暴雨,还缺少火炮支持,在法国援军到达后撤离。

8 维多利亚战役

1813年6月21日 西班牙维多利亚
法军的一系列失误导致威灵顿的部队分批渡过萨多拉河(River Zadorra)。混乱中,英国人劫掠了价值550万法郎的财富。

5 托里什韦德拉什防线

1810 年—1811 年 葡萄牙里斯本
这条英军的托里什韦德拉什(Torres Vedras)防线从大西洋海岸延伸到不可逾越的塔霍河(River Tagus),为防备法军从陆路进攻里斯本而建,该防线有 25000 名士兵驻守,共修筑了 100 座堡垒,配备 450 门大炮,成功地保卫了葡萄牙首都的安全。

▲ 马塞纳元帅站在防线前,法国人意识到这些防线无法逾越,葡萄牙因而免遭入侵

▲ 如今,尽管布尔戈斯围攻鲜为人知,但其意义重大,它是威灵顿军事生涯中唯一一次真正的失利

关键战役：萨拉曼卡之战

1812年7月22日的这场决定性胜利预示着法国在西班牙统治的终结，
也证明威灵顿的确是一位军事天才。

1812年初，威灵顿攻下靠近西班牙与葡萄牙边界的两座法国要塞——罗德里戈与巴达霍斯，率领英国、西班牙和葡萄牙的联军共49000名士兵进军西班牙，直指马德里。迎战他的是马尔蒙元帅指挥的50000名法军。

马尔蒙的部队受到误导，以扇形分散部署在从马德里北部的奥维耶多到近郊的阿维拉沿线，扇形的中心点就是萨拉曼卡城，威灵顿充分利用了这一点。从1812年6月17日起，两军在萨拉曼卡附近对垒了一个月。7月22日，马尔蒙试图包抄威灵顿，但战线拉得太长。收到这一情报，威灵顿高喊"马尔蒙败了"，便冲上战场。

> "萨拉曼卡战役的决定性胜利标志着威灵顿已成为拿破仑的真正对手。"

1. 主帅报销
马尔蒙元帅意识到其左翼拉得太长，但在他要求向指挥左翼的托米埃将军预警时，一枚榴弹炮将他严重炸伤。博内将军接替了马尔蒙的岗位。

2. 帕克南攻击托米埃
威灵顿的妹夫帕克南副官受命率领英国步兵第三师攻击托米埃部队。尽管法军火力强劲，但帕克南仍然击败了他们，托米埃部队遭受重创，托米埃本人战死。

3. 重骑兵攻坚
莫孔将军的师团遭到攻击。他命令步兵组成方阵，但这是一个代价高昂的错误，他们被勒马钱特少将率领的列成横队的步兵和骑兵击溃。但是，勒马钱特也受了重伤。

4. 威灵顿能感知胜利
勒马钱特的龙骑兵用军刀击垮了法国8个营，法军的左翼被摧毁。威灵顿向他的骑兵队长大喊："我的天哪！我这辈子从没见过这么漂亮的一仗。今天属于你！"

5. 攻击法国中军
科尔少将的第四师和帕克将军的葡萄牙旅试图攻占法国中军所在的大阿拉皮莱山丘，但被击退。法国的中军由博内将军率领，山丘上有40门榴弹炮为法军提供支援。

6. 克洛泽尔的反击
博内受了重伤，由克洛泽尔将军代替，他下令对科尔部队进行反击。但威灵顿将5500名预备队士兵部署在第六师部，由克林顿少将统一指挥。同时，贝雷斯福德元帅率领其葡萄牙旅攻击克洛泽尔的左翼。

7. 黄昏时的战斗
夜幕降临，克洛泽尔的部队被挡了回来。坎贝尔少将的第一师占领了大阿拉皮莱山丘，威灵顿同时将新组建的第十二轻龙骑兵队投入战斗，以追击撤退的法军。

8. 费雷的最后阵地
为了掩护撤退，费雷将军将其右翼变为单排的横队。起初克林顿的第六师被击退，但威灵顿命令炮兵从两侧向费雷战线的中央交叉开火。费雷阵亡，其所部被击溃。

9. 仓皇撤退
法军穿过托梅斯河畔阿尔瓦镇的一座桥撤退，溃不成军。西班牙营负责守卫这座桥，但他们擅离职守，并未通知威灵顿，使马尔蒙的残余部队得以逃脱。威灵顿为此大发雷霆。

10. 速战速决
短短4个小时内，法国军队就损失了超过14000人，而联军只有5000多人伤亡。对于威灵顿来说，这是极其了不起的成功，他说："我从未见过一支军队能在如此短的时间内取得如此大的胜利。"

◀ 战役结束后，为了休养身体，马尔蒙被迫回到法国

萨拉曼卡战役的影响

威灵顿取得了他迄今为止最大的军事成就之一，这场胜利不只在伊比利亚半岛，
甚至在全世界都引起了强烈反响。

总是小心翼翼的威灵顿在他的军事生涯中第一次采用进攻手段取胜。萨拉曼卡战役的决定性胜利标志着威灵顿已成为拿破仑的真正对手。法国的富瓦将军写道，萨拉曼卡战役确实将威灵顿的声望提高到了"差不多相当于马尔伯勒公爵①的级别"，是"腓特烈大帝式的胜利"。

战役之后，威灵顿于8月6日进入马德里，但在秋天他被迫撤退到葡萄牙。不过，法国人自此不愿在西班牙与联军交战，再加上严重的兵力损失和补给问题，导致他们最终被逐出伊比利亚半岛。萨拉曼卡战役在欧洲也有鼓舞作用，它使那些想要击败法兰西帝国的国家增强了信心。

9月2日，拿破仑在入侵俄国的途中收到战役失利的消息，他的一位将军注意到"他以往平静的眉宇间透出明显的焦虑"。这个消息对大军团已经萎靡的士气雪上加霜，法军仅仅5天后就将投入走向覆灭的博罗季诺（Borodino）之战。

---

① 即约翰·丘吉尔，英国政治家，军事家，在西班牙王位继承战争中与战友欧根亲王并称法国国王路易十四的两大克星，使英国上升为一流海陆强国，促进了18世纪英国的繁荣兴盛。——译者注

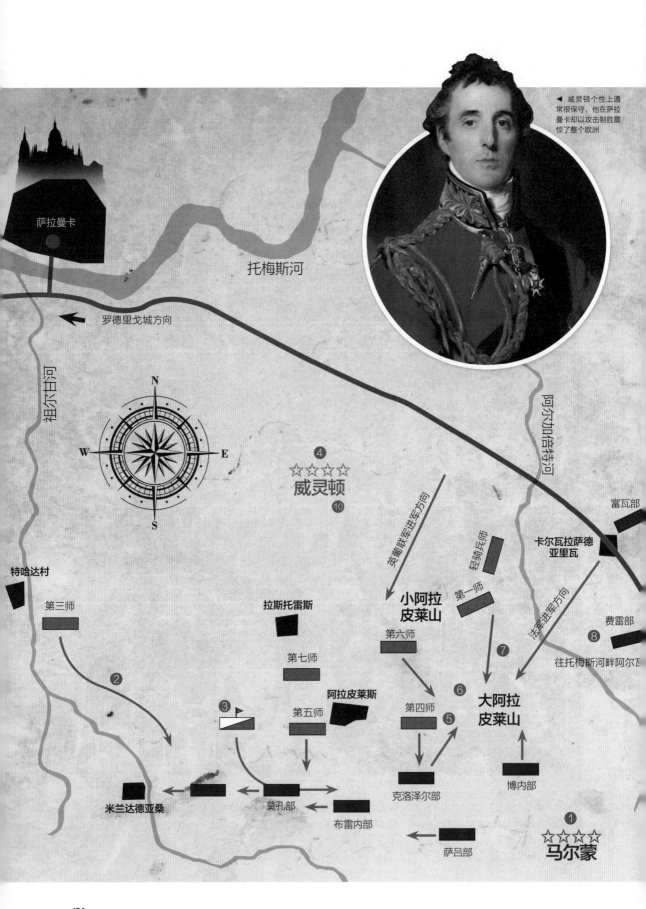

萨拉曼卡

托梅斯河

▶ 威灵顿个性上通
常很保守，他在萨拉
曼卡却以攻击制胜震
惊了整个欧洲

祖尔甘河

← 罗德里戈城方向

阿尔加省特河

N

W　　E

S

☆☆☆☆
威灵顿
❹
❿

特哈达村

第三师

拉斯托雷斯

小阿拉
皮莱山

第六师

英葡联军进军方向

卡尔瓦拉萨德
亚里瓦

富瓦部

轻骑兵师

第一师

费雷部
❽

往托梅斯河畔阿尔E

法军进军方向

❷

第七师

阿拉皮莱斯

第五师

❸

第四师

❻

❺

大阿拉
皮莱山

❼

米兰达德亚桑

莫孔部

布雷内部

克洛泽尔部

博内部

萨吕部

☆☆☆☆
马尔蒙
❶

·134·

英雄榜

半岛战争参战者众多,是各国不同指挥风格的大熔炉,
其中有勇气与合作的传奇,也有挫败乃至蝇营狗苟的事迹。

阿瑟·韦尔斯利

这位英国将军因为伊比利亚半岛战争的
功绩被封为贵族
生卒: 1769—1852
国籍: 英国

至关重要的是,阿瑟·韦尔斯利的努力确保了联军在伊比利亚半岛对法军的胜利。英国卷入半岛战争,源于他们自古与葡萄牙的结盟关系以及对法国无法改变的敌意。尽管有这么多重要的介入理由,但英国并未向该地区大规模派遣部队。英国能在战争中取得举世瞩目的胜利,主要依靠的是韦尔斯利卓越的领导才能。

韦尔斯利已在印度赢得了一定的军事声望,1808年他以中将身份第一次到达葡萄牙,并在维梅鲁击败法军。韦尔斯利初战告捷,迫使法军撤回西班牙,但他却因放任敌人乘英国船只撤离而被临时撤换。在他缺席期间,拿破仑带领几十万大军到达,英军不得不撤出西班牙,军队指挥官约翰·摩尔爵士阵亡。1809年,韦尔斯利恢复了驻葡萄牙英军总司令的职务。这一次,他进行了一场漫长艰难的战争,但最终取得了胜利。

尽管屡次遭遇以少对多、补给不足等问题,韦尔斯利还是逐步赢得了一连串为人称道的胜利,包括塔拉韦拉战役、萨拉曼卡战役和维多利亚战役等等。这些胜利大多是历经苦战取得的,如围攻罗德里戈和巴达霍斯要塞的战役,但它们最终都迫使法国人要么交出土地,要么重整战略。到1813年,韦尔斯利已将拿破仑的军队赶出伊比利亚半岛,在法国的领土——图卢兹城结束了战争。

韦尔斯利成功的关键是善于利用地形、补给、情报和军纪。他也能尽力阻止士兵骚扰当地百姓的恶行,尽管并不总能奏效。归根结底,他将自己的战略描述为一种前瞻性战略:"我把我的战役看作一条连贯的绳索,如果哪里出了问题,就在哪里打个结。"

让-德迪厄·苏尔特

固执的法国元帅
生卒: 1769—1851
国籍: 法国

苏尔特是一位乡村公证员的儿子,16岁参军,不到6年就当上了军官。他在大革命战争期间崭露头角,1804年获得元帅头衔。他在奥斯特利茨、耶拿和埃劳战役中为拿破仑而战,战功卓著。

1808年,法国大军入侵西班牙时,他承担主要任务。他曾率部将约翰·摩尔爵士的英军部队一直追击到拉科鲁尼亚海岸。随后在波尔图,他对威灵顿的军事能力颇为震惊,尽管他在奥卡尼亚击败了西班牙军队并在拉阿尔武埃拉重创了贝雷斯福德元帅。苏尔特认为胜利本应属于自己这一方,但他也钦佩对手的勇气:"那一天属于我。他们没有意识到这一点,自然也不会逃跑。"他在后来的维多利亚战役中表现卓越,努力使法国在伊比利亚半岛及法国本土的彻底失败延缓了差不多一年时间。

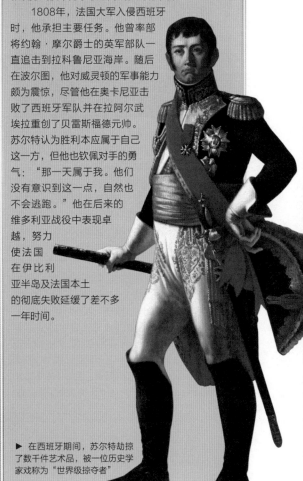

▶ 在西班牙期间,苏尔特劫掠了数千件艺术品,被一位历史学家戏称为"世界级掠夺者"

威廉·贝雷斯福德

葡萄牙部队的英国指挥官

生卒：1768—1854

国籍：英国/葡萄牙

威廉·贝雷斯福德（William Beresford）在半岛战争中有着独特的地位。他虽然是英国军中的爱尔兰裔军官，但对葡萄牙产生了感情，并在葡萄牙被法国占领后助其恢复国家信心。

流亡的葡萄牙政府为葡萄牙国王管理马德拉殖民地时意识到，他们需要一位总司令来整顿和重振其毫无士气的部队。1809年，威灵顿推荐贝雷斯福德担任葡萄牙军统帅。贝雷斯福德到任后，罢免腐败的军官，利用强有力的纪律带出了一支规模小但高效的部队，该部队在英军队伍里接受训练。在英军以少胜多的布萨库战役中，葡萄牙士兵发挥了极大的辅助作用，贝雷斯福德的治军成果得到验证。

此后，贝雷斯福德在威灵顿军中指挥一支30000人的多国部队，他在拉阿尔武埃拉浴血奋战，差一点儿就赢得了胜利。作为一名陆军指挥官，他的军事生涯随后走向低谷。但他仍担任威灵顿的副司令官，并在图卢兹战役中发挥了重要作用。

安德烈·马塞纳

被半岛战争折损了威名的指挥官

生卒：1758—1817

国籍：法国

▲ 在西班牙期间，马塞纳的情人化装成龙骑兵陪伴在他身边

马塞纳初次加入法军时曾被晋升为一级准尉，1789年被解雇。1793年，他做了两年走私客后，重新入选部队，成为一名将军。

这位后起之秀在拿破仑的意大利战争中表现卓越，帮助法军赢得了多场胜利。1804年，他被授予元帅军衔。1809年，在抵抗第五次反法同盟的战争中，他再一次证明了自己的价值。1810年，他被派往西班牙，却屡屡受挫。

马塞纳最初顺风顺水，在罗德里戈和阿尔梅达的战役中都取得胜利，但之后却在布萨库战役中失利，随后他率领的入侵部队在威灵顿强大的托里什韦德拉什防线前裹足不前。他率军撤回西班牙，在丰特斯-德奥尼奥罗战役中再次败北，而后被失望的皇帝召回。

弗朗西斯科·哈维尔·卡斯塔尼奥斯

一位为西班牙取得过一场重要胜利却未被铭记的胜利者

生卒：1758—1852

国籍：西班牙

▲ 卡斯塔尼奥斯在拜伦取得的胜利是抗击拿破仑的军队所取得的第一场陆战胜利，证明法兰西是可以被战胜的

卡斯塔尼奥斯（Castaños）是一位威风凛凛、足智多谋的将军。1808年，他赢下了西班牙抗击法国人的第一场伟大胜利。法国镇压了马德里5月的主要叛乱后，派出几支部队扫荡分散的叛乱者，其中主要的一支是皮埃尔·杜邦指挥的20000人部队。卡斯塔尼奥斯的部队人数占优，但是未经沙场，毫无作战经验。然而，杜邦犯了一个严重的错误，就是将士兵分散开来，沿着瓜达尔基维尔河排成了横队。卡斯塔尼奥斯则将自己的部队一分为三，在不同地点袭击法国人。

1808年7月16日至19日的三天多时间里，双方你来我往，战事不断，最后西班牙人袭击了法国人的后方，迫使他们在拜伦投降。近18000名法国士兵投降，这场战斗鼓舞了拿破仑的欧洲对手。卡斯塔尼奥斯在半岛战争中坚持战斗到最后，因其忠诚可靠而深受威灵顿的器重。

阿拉贡的阿古斯蒂娜

萨拉戈萨城的顽强守卫者，被称作"西班牙的圣女贞德"

生卒：1786—1857

国籍：西班牙

▲ 阿古斯蒂娜的战斗故事颇具传奇色彩，受到了拜伦勋爵、弗朗西斯科·戈雅等作家和艺术家的关注

她出生时本名阿古斯蒂娜·莱穆妲·玛丽亚·萨拉戈萨·多梅内克（Agustina Raimunda María Saragossa Domènech），这位闻名遐迩的半岛战争女英雄成为西班牙反抗法国入侵者的象征。

阿古斯蒂娜是一名西班牙士兵的妻子。1808年，她被围困在萨拉戈萨城中，当时大部分西班牙城市都已沦陷。虽然萨拉戈萨人的武器远远落后于法国人，但他们依然斗志昂扬，顽强坚守，阿古斯蒂娜在这里展现了她的英勇与无畏。

1808年6月15日，法军拥向主城门，当时阿古斯蒂娜正在给守城的人送饭。尽管亲眼看到守城者杀死攻城的法国士兵，同时也被法国士兵的刺刀刺中，但她挺身而出，召集起西班牙人，填装了一枚炮弹，瞄准法军的中央开火。

法军最终攻占了萨拉戈萨，但阿古斯蒂娜逃了出去，参加了威灵顿的部队。据说她获得了上尉军衔，是唯一在战争中获此殊荣的女性。

进军莫斯科

拿破仑·波拿巴远征俄罗斯帝国是史无前例的最大规模军事入侵，
却在冰冻的灾难中走向终点。

▲ 1916年的索姆河战
役之前，博罗季诺的血
腥屠杀是有史以来最残
酷的单日战斗

博罗季诺战役

俄军终于被迫在博罗季诺迎战，而拿破仑只能集中
128000兵力。法军付出了极大的代价才取得胜利，
双方的伤亡合计大概高达86000人。

| 1812年6月 | 1812年8月16日—18日 | 1812年9月7日 | 1812年9月14日—10月19日 |

渡过涅曼河

由45万到60万人组成的拿破仑大军
团跨越涅曼河，进入俄国境内，但是到
了9月，成千上万士兵已因为残酷的战
争条件染病死亡。

▼ 拿破仑指挥的法军中，也有来自其他国
家的士兵，其中包括95000名波兰士兵和
81000名德意志士兵

斯摩棱斯克战役

野心勃勃的拿破仑调兵遣将，试图迫
使俄军投入激烈的战斗，但在攻击斯
摩棱斯克城墙的时候大费周章。俄军
最终撤离。

▼ 拿破仑在熊熊燃烧的斯摩棱斯克城
外。虽然大军团攻占了这座城市，但俄
国部队已逃之夭夭

攻占莫斯科与莫斯科之火

博罗季诺战役后，拿破仑占领了俄军放弃的莫斯科。
但俄罗斯人已放火焚烧了他们的古都，以免为大军团
留下房舍、补给和一场辉煌的胜利。拿破仑的部队士
气大跌。

► 莫斯科的大火毁掉了大约
75%的房屋，尽管大部分
人口已经撤离，但仍
有至少12000人
在大火中丧生

"法军付出极大代价才取得胜利，双方的伤亡合计大概高达86000人。"

维多利亚战役

威灵顿率领 121000 名英国、西班牙和葡萄牙联军从葡萄牙北部出发，在维多利亚击败了约瑟夫·波拿巴。这场战役标志着拿破仑在西班牙的统治土崩瓦解。

◀ 大军团的很多士兵渡过了别列津纳河，但另一些人拒绝上桥，数千人被哥萨克骑兵屠杀

拿破仑离开大军团

别列津纳（Berezina）河战役结束不久，拿破仑便离开自己的部队返回巴黎，试图集结一支新的部队击败俄国，以确保对中部欧洲的控制。但在此时，他的士兵更关注如何生存下去而不是皇帝的动向。

▼ 在返回法国的雪橇上，拿破仑的助手科兰古谈到拿破仑，"他不愿承认自己对部队能否坚持下去的忧虑，他也拒绝面对自己的惨重损失"

| 1812年10月—12月 | 1812年11月26日—29日 | 1812年12月5日 | 1812年12月 |

莫斯科大撤退

大部队从莫斯科撤退，取道博罗季诺返回安全区域，但纪律极度涣散。众所周知，有数千人死于营养不良和俄罗斯冬季的严寒。

▼ 大军团夜里从莫斯科撤退的情景。拿破仑的许多士兵都因体温过低死亡，即被冻死

▲ 2002年，市政工人在维尔纽斯郊外发现了一个大军团士兵的巨大墓地。1812年冰冻的尸体堆积如山，据说有三层楼那么高

维尔纽斯的残局

拿破仑令人闻风丧胆的王者之师拖着可怜的残部来到最近的安全据点，即立陶宛的首都。但是，这座城市无法为这支失控的部队提供保障。在一通混乱的撤离之后，俄军占领维尔纽斯。

毁灭之路

一位土木工程师用别出心裁的地图来描绘大军团覆灭的历程

1869年，土木工程师查尔斯·约瑟夫·米纳德以法军入侵俄国为题材，绘制了"有史以来最好的统计图"。他在地图上通过人数、距离、位置、坐标、移动方向以及重中之重的气温展示了拿破仑部队的情况。

图例

拿破仑在入侵战争中军队的规模变化用线条的宽窄变化来表示。

■ 进入俄国的士兵
■ 离开俄国的士兵

①　萨塔诺夫卡战役

时间：1812年7月23日
地点：莫吉廖夫附近
萨拉诺夫卡（Saltanovka，也叫莫吉廖夫）战役是法俄战争的首场战斗，意义重大。这是法军的一场小胜，阻止了巴格拉季昂的第二军向北移动与巴克利·德·托利（Barclay de Tolly）的第一军会合。

②　博罗季诺战役

时间：1812年9月7日
地点：博罗季诺
这是历史上最血腥的一场战役。拿破仑的糟糕表现导致大军团未能获得决定性的胜利。尽管小负于对手，但俄罗斯人保家卫国的愿望更加强烈。

▲ 尼古拉·拉耶夫斯基将军率领士兵在萨拉诺夫卡战役中战斗。拉耶夫斯基在战争中死里逃生，为了纪念他，俄罗斯人以他的名字命名了博罗季诺的主要堡垒

战争开始
时间：1812年6月
大军团出发时的士兵人数约55万到60万

密尔战役
1812年7月9日—10日
明斯克省密尔

第一次波洛茨克战役
1812年8月17日—18日
维捷布斯克省波洛茨克

波洛茨克

④

格卢博科耶

维捷布斯克战役
1812年7月26日—27日
维捷布斯克城

维捷布斯克

涅曼河

▲ 米纳德创造性的1812年法俄战争统计图彻底改变了信息图表艺术，创造了一种引人注目的地图形式

科夫诺

维尔纽斯

①

奥斯特罗夫诺战役
1812年7月25日
维捷布斯克省奥斯特罗夫诺

恰什尼基战役
1812年12月31日
维捷布斯克省恰什尼基

别列津纳河

大军团之殇
1812年12月
大军团的人数衰减为约12万人（其中法国士兵仅剩35000人）

斯莫里亚尼战役
1812年11月13日—14日
维捷布斯克省斯莫里亚尼

施图坚斯卡

⑧

▼ 莫斯科当时的地图显示了1812年大火造成的破坏程度。被毁区域以红色标注

1812年12月6日
气温　降至零下37摄氏度

1812年12月1日
气温　降至零下30摄氏度

③　攻占莫斯科

时间：1812年9月14日—10月19日
地点：莫斯科
拿破仑付出惨重代价攻占了这座俄国古都，却只看到一座空城，到处是熊熊的火光。法国人得到的最清晰的信号是俄罗斯人绝不妥协。

④　第二次波洛茨克战役

时间：1812年10月18日—20日
地点：维捷布斯克省波洛茨克
俄罗斯人在波洛茨克（Polotsk）击败了洛朗·圣西尔将军的部队。这次战役摧毁了拿破仑驻防白俄罗斯的北方部队，最终使三支俄国部队得以在别列津纳河会师对阵大军团。

5 小雅罗斯拉夫韦茨战役

时间：1812年10月24日

地点：卡卢加省小雅罗斯拉夫韦茨

这场重要的战役打乱了拿破仑从莫斯科撤退的原有部署。激烈的战斗在小雅罗斯拉夫韦茨（Maloyaroslavets）打响。此后俄军亦不断骚扰大军团。

6 维亚济马战役

时间：1812年11月3日

地点：斯摩棱斯克省维亚济马

维亚济马（Vyazma）战役对撤退中的大军团是一次严重的打击。俄军在半路对法军过长的行军队伍发动进攻，最激烈的战斗发生在后军，有5000名法国士兵阵亡，部队士气骤降。

▲ 小雅罗斯拉夫韦茨战役标志着大军团的衰败不可逆转，为莫斯科大撤退蒙上一层阴影

"11月28日晚，俄军已经做好准备，他们希望彻底击溃拿破仑大军团的残余部队。"

战斗力衰减
1812年9月6日
大军团在博罗季诺战役前严重减员

大军团攻占莫斯科
1812年10月12日
莫斯科

莫斯科

莫斯科河

格扎茨克

2

3

5

塔鲁季诺

莫扎伊斯克

6

小雅罗斯拉夫韦茨

塔鲁季诺战役
1812年10月18日
卡卢加省塔鲁季诺

格拉什基茨战役
1812年7月28日—8月1日
维捷布斯克省格拉什基茨

多罗戈布日

维亚济马

斯摩棱斯克

7

瓦伦金诺战役
1812年8月18日
斯摩棱斯克附近

聂伯河

马吉卢

斯摩棱斯克战役
1812年8月16日—18日
斯摩棱斯克

7 克拉斯内战役

时间：1812年11月15日—18日

地点：莫斯科附近的克拉斯内

库图佐夫在战役中取得了巨大的胜利，法军遭受的损失比俄军大得多。虽然法军试图逃离，但他们还是在克拉斯内遭到了缓慢的蚕食。

▶ 在克拉斯内战役中，内伊元帅的后军一边撤退一边英勇作战。可以说，"寒冬将军"是比俄军更可怕的敌人

1812年11月14日
气温降至零下26摄氏度

1812年11月9日
气温降至零下11摄氏度

-13 ℃

-25 ℃

-37 ℃

气温

8 别列津纳河战役

时间：1812年11月26日—29日

地点：明斯克省鲍里索夫附近的别列津纳河

法军被俄军追击，困于别列津纳河畔。这场战斗是法国大军团1812年的最后一场"胜利"。其残部设法通过草草搭建的浮桥，继续向西行军，到达较为安全的地带。

◀ 波兰的长矛轻骑兵在拿破仑入侵俄国的战争发挥了重要作用

关键战役：别列津纳河战役

逃生路线一条接一条被阻绝，拿破仑的撤退已至穷途末路。
到11月中旬，进入波兰只剩一种可能——在鲍里索夫跨越别列津纳河。

撤退过程中持续的恶寒天气现在本应对筋疲力尽的法国人有利。别列津纳河过去通常在下半年封冻，这样会使过河更容易些。然而，出乎意料的解冻消除了这种可能性，鲍里索夫桥成了唯一选项。

这座桥原本控制在东布罗夫斯基将军率领的一个小型法国兵团手里，但11月21日他们被奇恰戈夫（Chichagov）率领的俄军优势兵力驱离，后者随后过桥到了河流的东岸。维特根施坦因（Wittgenstein）将军率领的另一支俄军

◀ 维特根施坦因没有与奇恰戈夫协同作战，导致俄军没能取得一场彻底的胜利

"别列津纳河战役使拿破仑损失了大约 20000 到 30000 人，同时另有 20000 名掉队的士兵和平民被消灭。"

▼ 拿破仑的残余部队借助两座匆匆搭建的浮桥渡河

正在迫近，而库图佐夫元帅的部队预计很快也将到达，拿破仑的形势岌岌可危。两天后，奇恰戈夫部被迫从东岸撤回，但他在撤退时摧毁了这座桥，使困在河流东岸的法军陷入优势俄军的包围之中。

幸运的是，法军后来发现了一处浅滩，工程兵可以很快造出一座浮桥，但在造桥期间必须想办法分散俄军的注意力。为此，拿破仑组织了多次向南的移动；奇恰戈夫不知是计，率大部队前往阻击可疑的法军渡河。这样法国工程兵就迅速造了两座浮桥，一座供步兵使用，一座供炮兵使用。

尽管身处绝境，渡河计划还是得到周密部署，即部队白天渡河而平民（有数千人）夜间渡河。11月26日下午1时，步兵桥建成，虽然不够牢固，但足以确保第一批法军过河后建立桥头堡。乌迪诺（Oudinot）元帅的法军第二军团随后向南推进，将奇恰戈夫进一步引开。那一夜，内伊（Ney）元帅的第三军团渡河，波兰第五军团紧接着也渡了过去。

下午3点左右，炮兵也开始通过更坚固的第二座浮桥渡河，但5小时后桥却垮塌了，必须重建。在冰冷刺骨的温度下，让·巴蒂斯特·埃布莱（Jean Baptiste Eblé）将军的工程兵们咬着牙坚持，赶快修复这条唯一的通道。

第二天，更多的部队成功渡河，但掉队的士兵和平民显然宁可在东岸等待，也不愿意夜里渡河。他们一直等着，但随着战事的推进，再要渡河为时已晚。

▲ 瑞士部队在别列津纳的阵地上英勇地顶住了俄国骑兵的进攻

瑞士人坚守阵地

法俄战争期间，很多其他国家的士兵为拿破仑战斗，
但在别列津纳没有任何士兵比瑞士步兵表现得更为英勇。

身着与法军同色军服的瑞士部队在别列津纳发挥了关键作用，保证了法军成功渡河。他们在法俄战争中消耗很大，这支满身泥污的部队到达别列津纳时，原来8000人的队伍中已有6700人丧生。

作为法军第二军团的组成部分，他们随后阻断了奇恰戈夫部队的前进，为法军大部队渡河赢得了时间。瑞士士兵常常借助刺刀冲锋使俄军陷入困境，尽管缺乏弹药，他们还是努力守住了法军的左翼阵地。

他们一次次被打退，每次又都设法反击，但损失惨重，战斗中只有300名瑞士士兵幸存下来。

令人遗憾的是，在撤退的混乱中，部队的记录丢失，阻击奇恰戈夫部队的战斗中的1000多名阵亡者大部分被简单地归类为失踪，而不是战死。战争结束30年后，仍有人在寻找参加这场恐怖战役的士兵信息。难怪后来法国人以"别列津纳"作为"灾难"的代名词。

> "他们一次次被打退，每次又都设法反击，但损失惨重，战斗中只有300名瑞士士兵幸存下来。"

11月28日，俄军已经做好准备，他们希望彻底击溃拿破仑大军团的残余部队。奇恰戈夫在前方阻击河西岸的大股部队，而维特根施坦因在河东岸对付克劳德·维克托-佩兰（Claude Victor-Perrin）元帅统领的后军。奇恰戈夫投入25000人来攻击19000名法军，显然胜利只有一步之遥，但波兰的长矛轻骑兵和法国胸甲骑兵的冲锋遏制了俄军的势头，使得法军一直坚持到夜幕降临。

奇怪的是，维特根施坦因在东岸的攻击中只动用了一部分部队——45000人中的14000人左右。虽然如此，局势仍十分危急，实际上拿破仑只有一部分士兵渡过了别列津纳河。拿破仑的后军在绝望中仍然顽强地坚持着，但俄军的炮火在法军的掉队士兵中引起了恐慌，他们互相拥挤踩踏，导致炮兵桥再次垮塌。

11月28日晚大约7点，法军最后一支部队接到命令渡河，随后烧掉桥梁，以阻止俄国人的追击。悲剧的是，法军一直无法说服惊慌失措的平民过桥，直到桥梁着火时他们才试图过桥，导致数千人不必要的牺牲。

别列津纳河战役使拿破仑损失了大约20000到30000人，同时另有20000名掉队的士兵和平民被消灭。人们往往认为这场战役是一场惨烈的失利，但大军团的残部成功过河，至少为拿破仑重建部队保留了基石。

英雄榜

在法军入侵俄国的战争中, 各路大军的总指挥都暴露出重大缺陷,
但下属的官兵却展现出优异的品质。

拿破仑·波拿巴

野心膨胀却心不在焉的皇帝

生卒: 1769—1821　　国籍: 法国

1812年初, 曾经的科西嘉炮兵拿破仑已经处在权力的巅峰。1805年, 他在奥斯特利茨战役战胜奥地利与俄罗斯, 通过一系列战争和辉煌的胜利, 他已成为法国皇帝、欧洲霸主。在这些战役中, 米哈伊尔·库图佐夫和沙皇亚历山大一世本人都曾是拿破仑的手下败将。在之后的7年中, 他确信俄国已经屈服于他的威力, 但他大错特错, 亚历山大拒绝同法国一起封锁英国。他放任自己的骄傲自大, 对俄国发动入侵, 可以说这是他犯的第一个战略错误。

与以往的战役不同, 他在入侵俄国的战争中连续犯错, 使他和他的军队付出了高昂的代价。他先后落入巴克利·德·托利和库图佐夫的圈套, 深入俄罗斯内陆, 他的补给线拖得过长, 岌岌可危。在历史上最血腥惨烈的战役之一博罗季诺战役中, 拿破仑表现异常糟糕, 几乎一整天只坐在椅子上拿着望远镜向外看。一位参谋注意到这一点: "我们都很诧异, 那个在马伦戈、奥斯特利茨等战役中精力充沛的指挥官哪儿去了? 我们感觉很不满, 我们很难做出判断。"

在一场付出高昂代价的胜利之后, 拿破仑占领了莫斯科, 但看到民众烧毁房屋, 拒绝为他提供补给和胜利的荣光, 他感到颜面扫地。现在他虽然丧失了主动权, 但仍然

没有放弃"对自己命运的盲目信仰", 然而他不得不放弃莫斯科。随后的撤退成了一场灾难, 甚至连他自己都被迫用大名鼎鼎的双角帽交换波兰的冬衣。拿破仑过去的军事天才偶尔也会灵光一现, 特别是在别列津纳。然而, 拿破仑最终抛弃了他的军队, 任其自生自灭。他坐着雪橇返回巴黎, 他把这场灾难归咎于众人, 而非他自己。

▶ 拿破仑在博罗季诺附近。附近战斗激烈进行, 他却看起来精神涣散, 一些人发现, 这不再是那个生龙活虎、令欧洲颤抖的人

彼得·巴格拉季昂

骁勇善战的格鲁吉亚公爵

生卒：1756—1812　国籍：俄国

　　巴格拉季昂公爵是格鲁吉亚王室成员，1782年加入俄军。他在1799—1800年远征意大利与瑞士期间，隶属于亚历山大·苏沃洛夫大元帅。在乌尔姆、奥斯特利茨、埃劳和弗里德兰等战役中，他进一步积累了作战经验。但1812年他与沙皇亚历山大一世关系紧张，受命指挥俄国第二军。

　　巴格拉季昂公爵极力倡导与大军团正面决战，但这与巴克利·德·托利的策略相悖，他主张诱使法军深入俄国领土。巴格拉季昂很沮丧，他积极投入罢免巴克利指挥权的运动中，但他仍在撤往莫斯科的过程中多次取得胜利。后来他在莫吉廖夫战役中与大军团战成平手，但在斯摩棱斯克战败。他在博罗季诺战役中负责指挥左翼，身受致命重伤，1812年9月24日死于伤口感染。

▶ 尽管巴格拉季昂深受部属爱戴，是一位天才的指挥官，但他缺乏战略把握能力。他对巴克利·德·托利的敌意无疑受到了他人的误导

▶ 在1774年的战斗中失去一只眼睛的库图佐夫因好酒色而闻名，但他也是一位足智多谋的指挥官

米哈伊尔·库图佐夫

1812年法俄战争漫不经心的胜利者
生卒：1745—1813　国籍：俄国

　　库图佐夫14岁的时候当了炮兵，在抗击土耳其的战争中初露峥嵘。他担任过一段时间外交官，1805年担任55000人的俄奥联军的总指挥，遭遇奥斯特利茨惨败后，他成了沙皇亚历山大一世的替罪羊。然而，在1812年的危急时刻，亚历山大一世又将其任命为俄军总司令来代替巴克利·德·托利。

　　尽管代替了巴克利，库图佐夫基本上仍沿用了他撤往

莫斯科的策略，同时用小规模的战斗沿途骚扰大军团。库图佐夫在博罗季诺遇到了最大的考验，暴露出其能力的缺陷。战斗的动向往往掌控在下属手中，他一度在战线后方与军官们野餐。然而，他机智地放弃莫斯科，并对撤退中的大军团进行滋扰，后来在小雅罗斯拉夫韦茨战役中击败大军团。1813年，库图佐夫已经攻进了波兰和普鲁士。

"在别列津纳，他牵制了俄军一整天，与断后的军队共同战斗到最后一刻。"

米歇尔·内伊

"勇士中的勇士"
生卒：1769—1815　国籍：法国

　　内伊堪称拿破仑最英勇的元帅。他是个箍桶匠的儿子，1787年入伍参军成为法军的重骑兵，1796年晋升为将军。他起初是个共和派，后来成为拿破仑的忠诚支持者。1804年，他被授予元帅军衔，战遍欧洲。1812年，他受命指挥第三军团，在令法军声名狼藉的大撤退中表现卓著。

　　在撤退中，第三军团主要负责断后，一度被切断与主力的联系。经历你死我活的拼杀并急渡第聂伯河后，内伊奋力率领800名部属突围。在别列津纳，他牵制了俄军一整天，与断后的军队共同战斗到最后一刻。拿破仑随后授予他"勇士中的勇士"称号。

◀ 据传，内伊是最后一名离开俄国的法国军人，他蔑视地向涅曼河对岸开了最后一枪

让·巴蒂斯特·埃布莱

法国大军团的救世主

生卒：1758—1812　国籍：法国

▲ 拿破仑授予埃布莱金马刺勋章以示嘉奖，这后来成为法军表彰浮桥工程兵军官的传统

埃布莱1793年参军加入炮兵，第二年便晋升为将军。1812年，他受命指挥工程兵，其中包括400名荷兰士兵，他们都是修建浮桥的行家里手。

1812年11月，陷入困境的大军团到达冰冷的别列津纳河岸边，但俄军挡住了他们的去路。拿破仑曾下令销毁所有的造桥设备，但埃布莱违抗命令，暗自保留了这些设备。桥梁兵发现一处浅滩，马上开始建造3座新桥。

埃布莱身先士卒，在冰冷的水中不知疲倦地工作，成功架起了桥梁，法军残部得以继续撤退。尽管埃布莱曾试图说服那些筋疲力尽的部队随员过桥，但被他们拒绝了。埃布莱后来被晋升为炮兵总司令，但他劳累过度，1812年末过早地离世。

米哈伊尔·安德烈斯·巴克利·德·托利

被低估的俄军指挥官

生卒：1761—1818　国籍：俄国

巴克利·德·托利出生在立陶宛一个具有苏格兰血统的德语家庭，他是俄国贵族阶层的圈外人。他9岁就参军，几乎在俄国的军队里度过了一生。1812年，他已成为战争大臣，颇受沙皇亚历山大一世的器重。他被任命为俄国第一军的指挥官，也是俄军的实际总司令，直接对战拿破仑。

巴克利在1812年法俄战争中的主要贡献是奉行避免激战的迂回策略，为俄国争取了更多时间，同时使军队逐渐撤回俄国腹地，将法国大军团的后勤能力拉伸到极限。最初，这一策略在俄军的其他高级将领中遭到强烈反对，米哈伊尔·库图佐夫取代巴克利成为总司令。但是，巴克利仍然保留了第一军的指挥权，并在博罗季诺战役中率领右翼，表现卓越。此后不久他因身体欠佳而退伍，而巴克利的策略最终取得了成功，他后来也被誉为英雄。

博罗季诺战役

在这场索姆河战役之前最血腥的单日战斗中，
拿破仑对无限荣光的追求遭遇了最沉重的打击。

汤姆·加纳 / 文

▼ 这一战争场面是一位叫路易·勒热纳的法军参谋绘制的，他也参加了当天的战斗。他对拿破仑在博罗季诺战役中的表现进行了无情的抨击

1812年10月28日，士气低落的大军团灰头土脸地从莫斯科撤退，途经一个叫博罗季诺的村庄。他们的士气在这里跌至谷底，因为他们在此经历了近两个月的战争中最血腥的战役。战场上的死难者来不及被收敛，有一部分尸体已被动物吃掉。一位亲历者阿德里安·德·迈利描述这一场景时说："……这荒诞的场景简直是对痛苦和死亡的讽刺，太可怕了！"这是历史上最骇人听闻的战役之一，战场上的情形令人毛骨悚然。

1812年，拿破仑·波拿巴对俄国的入侵极其令人瞩目，这场战争将决定俄国与拿破仑的欧洲未来的命运。这场战争也因为莫斯科大撤退而闻

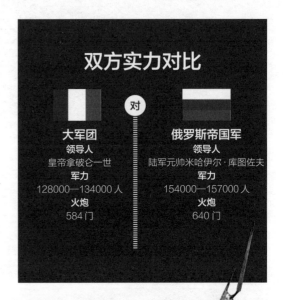

双方实力对比

对

大军团	俄罗斯帝国军
领导人	领导人
皇帝拿破仑一世	陆军元帅米哈伊尔·库图佐夫
军力	军力
128000—134000人	154000—157000人
火炮	火炮
584门	640门

▲ 法军士兵正在进攻俄国。他们华美的军服和严整的军纪掩盖了一个事实：大部分士兵在大部分战斗中都遭受着严重的饥饿与病痛的折磨

▲ 法俄战争中的俄国哥萨克骑兵。博罗季诺战役中俄国骑兵的一次冲锋使拿破仑分了神，停止了对皇家卫队的部署，最终影响了战局

名，法国大军团军力锐减，只剩一个空壳，成千上万士兵在俄罗斯严酷的寒冬中被冻死。其实，在法军到达莫斯科前，在博罗季诺的战场上已遭遇极大的灾难。这场激烈的战斗通过列夫·托尔斯泰的小说《战争与和平》被永远铭记，它也被彼得·柴可夫斯基谱入了《1812年序曲》。这场战役是所有获胜战役中付出代价最大的一场，标志着拿破仑从此走向衰落。

欧洲霸主

　　法国在欧洲战场不断取得胜利，与传统帝国的外交关系也日趋紧张，也一步步走向博罗季诺战役。1807年，法国击败俄国取得弗里德兰大捷，拿破仑迫使俄国回到谈判桌上。在1807年6月签署的《蒂尔西特条约》中，他把自己的意志强加在普鲁士国王和亚历山大一世身上。俄国必须接受法国在中欧的领导权，放弃地中海殖民地，最重要的是，他们必须加入"大陆体系"。这个体系是拿破仑用来封锁英国的，即禁止将英国货物进口到欧洲各国，包括法国的盟友和附庸国等，他的计划通过挤压英国的商业活动迫使英国屈服。然而，俄国对此极为不满，因为与英国的贸易往来对俄国的经济非常重要。1810年，俄国恢复了与英国的贸易往来。

　　法国与俄国的关系急剧恶化，拿破仑逐渐认为亚历山大一世准备挑起战争。尽管事实并非如此，但两个骄傲的君主对彼此的恶意越来越强烈，不可逆转地滑向战争的深渊。最终拿破仑的自负战胜了理智，1812年初他集结大量军队准备向俄国进军，准备再次逼迫亚历山大一世服从。与俄国挑起一场毫无必要的大规模战争，拿破仑是在豪赌，结果战争对相关各方都产生了巨大的影响。

　　为了入侵俄国，拿破仑动员了历史上规模最大的一支军队。大军团的士兵来自欧洲各地，人数总计45万到60万，大部分士兵是法国人或来自法国的新领地，包括95000名波兰人及85000名德国人。拿破仑研究了1709年瑞典国王卡尔十二世入侵俄国的情况后，发现他的失败源于俄国巨大的领土面积，他认为要想行动成功，至少需要50万士兵和巨大的补给储备。但即使做到这些，这样一支庞大军队的指挥协调仍是无法解决的难题。拿破仑兵分三路，自己指挥中路军，每一路都绵延数英里，浩浩荡荡挺进俄罗斯。

1812年6月末，法军渡过涅曼河进入俄国境内，战争开始了。他们面对的俄军由大约409000名常规军组成，其中211000兵力推至前线。俄军与大军团不同，没有一位掌控全局的传奇领袖，他们的领导人常常互相争吵，彼此否定。起初俄军由战争大臣巴克利·德·托利指挥，他很有能力，但同僚们都不太信任他，因为他是个"外国人"（他有苏格兰-德意志血统）。其他主要将领有：深受爱戴的格鲁吉亚公爵彼得·巴格拉季昂，以及久经沙场却极为懒散

的老兵，陆军元帅米哈伊尔·库图佐夫。这三人在即将到来的战役中举足轻重。

混乱的战斗

对拿破仑而言，战争很快开始出现问题。从维捷布斯克出击后，拿破仑希望在旷野与俄军交锋，但俄军不断后退，而大军团离最近的补给点科夫诺（Kovno）已经远达数百英里。法军的补给线已经拖得过长，对拿破仑的部队十分不利。6月，拿破仑直接指挥的中路军渡过涅曼河时有286000人，到了9月，严酷的战争使部队减员到仅剩161000多人。

这些巨大的损失对未来并非什么好兆头。9月，拿破仑一直紧追俄军至莫斯科以西110公里的博罗季诺附近。这是俄国有意促成的结果。拿破仑的目标很明确，他想攻占莫斯科，将自己的意愿强加在偏安于圣彼得堡的沙皇亚历山大头上。俄罗斯人之前采取了焦土策略，使大军团无

▼ 拿破仑在博罗季诺附近。他坐在一把椅子上，似乎一整天都心不在焉，战斗就在不远处激烈进行。这不再是那个生龙活虎、令欧洲颤抖的人

大军团：一支国际化部队

人们习惯性地认为，大军团是一支出色的法国部队，其实它是一支国际化部队，其成员来自欧洲各国——或者是被拿破仑帝国占领的附庸国，或者是其盟友。因此，虽然军中大部分是法国人，但也包括来自德意志、波兰、比利时、荷兰、意大利、奥地利、西班牙、瑞士和克罗地亚等地的士兵。各国士兵均由法国将军指挥，灌输法国军队文化，但波兰人、奥地利人和普鲁士人除外。

波兰兵团是最大的非法国人兵团，总兵力95000人，是对抗俄罗斯人的热情盟友。此外，还有81000名德国人分散在各部，他们忠诚可靠，但并不怎么喜欢法国人。那些来自拿破仑构建的"莱茵联盟"的德国人大多对军中的20000名普鲁士人充满敌意，但所有人都希望将俄罗斯人赶出欧洲。

也有很多士兵来自被占领的地区，他们厌恶参军。冯·韦德尔中尉写道："有很多人，他们内心深处希望俄罗斯人赢。"但他也认可拿破仑的实力："无论他们的个人感受如何，没有人会无视他是最伟大、最卓越的将领。他伟大的光环也征服了我，跟其他人一样，我也大喊'皇帝万岁！'"

▶ 皇家卫队第一波兰轻骑兵团的士兵。在博罗季诺战役中，该兵团被用作预备队。共有95000名波兰人在大军团服役

法就地完成补给，如今政治压力迫使他们与"科西嘉恶魔"直接对战。俄罗斯人在博罗季诺阻击法军，他们快速修建了一些叫作"凸角堡"的泥土工事，以辅助炮兵攻击大军团。

俄军修建了3个凸角堡，每个1.5米到2米高，形状各异，两个是四边形，另一个是箭头形，这些防御工事与俄军战线中心的大堡垒相比太小了。这座大堡垒面朝西，两侧边有72米长，中间的夹角是100度，周围有壕沟防护，壕沟里有小凹陷来阻止马匹前进，堡垒里有18到24门大炮。在面积相对狭窄的战场上，有小山和溪流，还有卡拉查河（River Kalatsha）流经，因而这些泥土工事可以起到决定性作用。博罗季诺村坐落在卡拉查河北岸，其东边是戈尔基村，

乌季察村在其南面。中央地带是谢苗诺夫斯科耶村，位于两座堡垒和三座凸角堡中间的小山上，村里的木质建筑在战斗前已经被拆除。

这些防御工事给人一种错觉，即俄军已做好了准备，但事实上他们的领导层正乱作一团。德·托利最近被降职，由库图佐夫接任，但巴格拉季昂对这两位上级都不满意。库图佐夫虽然久经沙场，深受部属爱戴，但毕竟已经67岁了，无法在战场上自信地做出决断。他指挥着154000人到157000人的部队，但对于应该怎样对抗大军团，他的思路并不清晰。

拿破仑的部队情形也很糟糕。9月2日在格扎茨克点名的时候，只有128000人回应，还有6000名掉队的士兵可以赶上部队，这意味着只

01 炮击开始
早上6点，法军大炮开火，俄军回击，1000多门大炮齐鸣。战场的逼仄意味着大部分人能观察到彼此的行动。法国的炮火击中俄军的泥土工事，掀起巨大的烟尘，俄军的堡垒马上开火还击。

02 法军的推进
欧仁亲王率领的师在攻占博罗季诺村的过程中损失了一半兵力，在卡拉查河畔被俄军击退。同时，达武元帅投入两个师攻击南面的凸角堡，波尼亚托夫斯基元帅击退图奇科夫的部队，占领了乌季察村。

03 俄军的反击
俄军在沃龙佐夫公爵的率领下反击，将法军从南侧凸角堡驱离，但法军以猛烈的攻击回敬并重新夺回了堡垒。8点，沃龙佐夫负伤，两小时内他的4000人中有3700人阵亡。

04 凸角堡的血腥战斗
在3个小时中，凸角堡被法军反复攻击，屡次易手。库图佐夫派出30000名俄军和300门大炮守卫凸角堡，法军则投入了40000人和200多门大炮发动攻击。成千上万人被屠杀，最后刺刀成了主要的交战武器。

05 巴格拉季昂身受致命重伤
在俄军的左翼，巴格拉季昂公爵在集结部队重夺凸角堡时遭受致命重创。他负伤的消息影响了士气，尽管俄军拼死抵抗，法军还是夺取了谢苗诺夫斯科耶村。

06 优柔寡断的皇帝
整场战役里，拿破仑都待在同一个地方，远离前线。他的状态很差，拒绝上马观战，虽然看起来全神贯注，实则精神涣散。他找不出俄军战线上的薄弱点，无法发动决定性的攻击。

07 混乱中的库图佐夫
在战场的另一边，库图佐夫把指挥权交给了下属。他待在戈尔基，只有一次骑马去察看战场。后来他把指挥部移到更远的后方，据传他和一些贵族官僚在那儿野餐。

普拉托夫部

奥斯特曼部

乌瓦罗夫部

巴戈乌特部

科尔夫部

巴克利

至莫斯科

多赫图罗夫部

普萨廖沃

康斯坦丁部

库图佐夫部

⑦

巴格拉季昂

⑤

旧驿道

莫斯科民兵

▲ **08 疲倦的僵局**

法军占领了俄军最大的凸角堡，中午却被夺回。波尼亚托夫斯基在最右翼的进攻受阻，俄军给欧仁亲王所部的后翼造成极大破坏，但双方均未有明显建树。

09 拿破仑按兵不动

法军的元帅们不断要求增兵以夺取大堡垒，下属们建议拿破仑派出皇家卫队。但一队在他左翼出现的俄军坚定了他的决心，在关键时刻，拿破仑依然按兵不动。大军团长达2个小时无法移动。

10 大堡垒陷落

下午3点钟，法军对大堡垒发动进攻，大堡垒被攻克。巴克利·德·托利指挥俄军在大堡垒后防御，法军退回泥土工事。法军不断进行炮击，直到俄军撤退。晚上6点，大炮停止射击。

有134000人能够战斗。一位法国掷弹兵想起自己部队那些饥饿的士兵时说："要是库图佐夫将军拖延几天开战，毫无疑问，他无须战斗就可以消灭我们。正在毁灭我们的敌人是可怕的饥饿。"

9月6日到7日的战斗前一夜，同样弥漫着伤感。海因里希·福斯勒中尉回忆道："一盘浮着一截牛油的糟糕面包汤是我在大战前夜必须要吃的食物。但在极度饥饿的情况下，这令人作呕的饭菜似乎也很美味。"很多人则像布拉尔上校一样，只是感到绝望："如果我们遭到攻击却跑不动，会是多么可怕的危险啊！我们当中有谁能活着回到故乡啊？"甚至拿破仑在谈到他的一名将军及其部属的糟糕境况时，也说道："可怜的部队呀，实在是衰弱得不像样子。"相比之下，粮草充足的俄军正期待一战，就像尼古拉·米塔列夫斯基中尉回忆的那样："我渴望投入一场伟大的战斗，去体验战斗带来的所有感受，然后就可以说，我在这样一场战役中战斗过。"

为了鼓舞士气，拿破仑发表了一份宣言，其中写道："士兵们！这是你们热切期待的战斗！现在胜利就靠你们了！我们需要这场胜利。就像在奥斯特利茨那样战斗吧……希望你遥远的后代将在这一天自豪地提起你的光荣。就让他们这样提你，'他就是那个在莫斯科城下投入那场伟大战役的人'。"库图佐夫则发表了一份更为理性的讲话："孩子们，今天保家卫国的职责落在你们身上；你们必须恪尽职守，直到流尽最后一滴血。我把希望寄托在你们身上。上帝会帮助我们！祈祷吧！"

血腥厮杀

9月7日早上6点，法军大炮开火了，俄军立即回应。在拥挤的战场上，一轮炮击就有1000多门大炮开火，就这样持续了一整天。法军的大炮弹轰击着凸角堡，飞起的漫天尘土和烟雾混合在一起，战场上一片混沌，能见度很低。拿破仑的继子欧仁亲王位于大军团左翼，他冒着交织的致命炮火，率领他的法国-克罗地亚步兵师向前推进，他们把俄军赶出了博罗季诺村，并占领了该村。他的另外两个师试图越过卡拉查河，但被击退。

南面，达武元帅在一个半小时的炮击后投入两个师进攻凸角堡，经过激烈的白刃战夺得两个凸角堡。在两小时之内，凸角堡的4000名守军中有3700人阵亡。悲剧的是，凸角堡成了新占领者的死亡陷阱，他们发现他们背对的是俄国守

"一旦双方决心为阵地拼个你死我活，便不会停下来；即使步枪折断，他们还在继续。"

军的高墙，很容易遭到反击。后续的3个多小时里，双方都增加了兵力，凸角堡在不断的猛攻下多次易手。有70000人围绕着凸角堡战斗，战斗异常激烈，士兵们用刺刀代替了步枪。让·拉普将军回忆说："我从未见过这么血腥的屠杀。"

成千上万人横尸凸角堡，进攻与反击如潮水般涌来涌去。大约10点左右，巴格拉季昂将军在集结部队时腿部受到致命重创，不久后法军占领了凸角堡。然而，俄军没有轻言放弃，卢本科夫上尉后来回忆说："这是两只猛虎的较量，不是人的较量。一旦双方决心为阵地拼个死我活，便不会停下来；即使步枪折断，他们还在继续，用枪托和佩剑进行恐怖的白刃战。"

谢苗诺夫斯科耶村现在被法军掌控，内伊元

▼ 亚历山大·尤里耶维奇·阿韦里亚诺夫的画作，描绘了巴格拉季昂公爵在战斗中鼓舞士兵向前冲锋

▲ 博罗季诺战役后，大军团占领了莫斯科，但士气低迷。在撤回安全地带的漫长征程中，很多人冻死，只有区区35000人回到巴黎

帅和缪拉元帅需要增援以确保胜利，但拿破仑没有回应。他的状态反常地糟糕，差不多一整天都坐在椅子里远远地观察着战场。弥漫的烟尘模糊了他的视线，他没有骑马靠近观察，而是静静地打发走正在报告的军官，坚持透过望远镜观察战场的形势。这样的举动让下属无所适从，其中一位叫路易·勒热纳的参谋在日记中写道："我们都很诧异，那个在马伦戈、奥斯特利茨等战役中精力充沛的指挥官哪儿去了？我们感觉很不满，我们很难做出判断。"

与此同时，俄军这边的领导层也没好到哪里去。库图佐夫的指挥没精打采的；他没有连贯的策略，几乎整个战役期间都待在戈尔基的指挥部里应对各种诉求和糟糕的军情报告，还经常请军需官卡尔·冯·托尔拿主意："卡尔，你怎么说，我就怎么办。"卡尔·冯·克劳塞维茨指出："他显得缺乏动脑能力，缺乏对周围事件的清晰认识，缺乏任何积极活跃的感知，甚至缺乏独立行动的能力。"库图佐夫出去骑马察看战场仅仅一次，然后就大摇大摆地回到指挥部跟贵族军官野餐去了。

然而，战斗仍在如火如荼地进行。法军集中力量攻击大堡垒，最终在10点左右将其攻克。弗朗索瓦上尉回忆道："我们跳跃着躲过那些砸向草地的圆炮弹，一队俄国兵想阻止我们，我们在30步外射出一排子弹，然后就突破了他们的防线。那些炮手试图用推弹杆和撬棍从后面攻击我们，我们就跟他们白刃战。他们是强悍的对手。"尽管如此，俄军最终还是重新夺回了大堡垒，攻入堡垒的法军几乎被全歼。

另外，在俄军的右翼，普拉托夫将军和乌瓦罗夫将军对渡过卡拉查河的法军后军发动了一次骑兵突袭，给法军制造了很大的损失，但就像别处一样，他们也被击退。他们的进攻看似无果，实际起到了始料未及的作用。11点之后，法军的进攻暂时停了下来，俄军正在筑起新的防线，他

夺取大堡垒

这段可怕的间歇在2点后结束，法军开始集结，向大堡垒发起攻击。200门大炮用来轰炸那些泥土工事，然后3个步兵师协同两翼的重骑兵向前推进。骑兵很快超过了步兵，在大堡垒附近发起冲锋，他们拥入大堡垒，迎面而来的是守军的步枪和刺刀。伤亡急剧增加，但法军士兵前仆后继地持续进攻。

炮兵格利瓦曾从后军望向这一场面，他回忆说："当我们看到这些英勇的壮举，我们的激动心情无以言表。我们每一个人都希望能助骑兵一臂之力，我们看到他们越过深沟，在枪林弹雨中爬上了堡垒，当他们成为堡垒的主人时，欢呼的喊声又在四面八方响起。"然而，米尔汉姆上校的回忆则展现了故事的另一面："骑兵和步兵，都被卷进疯狂的屠杀，他们不顾一切地互相砍杀。"

下午3点半，大军团占领大堡垒，但俄军重新组织进攻，立即在大堡垒后侧形成方阵。这种无畏主要源自巴克利·德·托利，尽管遭到降职，但他在整场战役中一直保持冷静，他集合起足够的骑兵发起反攻，并炮击占领堡垒的法军。严格意义上讲，俄军已经输掉了这场战役，但他们没有轻易放弃。炮火持续了数小时，大军团取得的唯一进展就是波尼亚托夫斯基元帅击退了俄军并将其赶出乌季察村。艰苦的战斗在晚上6点左右逐渐结束，俄军撤到1公里以外，炮声沉寂下来。

屠杀的尾声

拿破仑姗姗来迟，他看到的战场是一片令人不寒而栗的恐怖景象。地上到处散落着肢体不全的死者和伤者。由于持续的炮火攻击，到处都

▲ 陆军元帅米哈伊尔·库图佐夫。这位老资格指挥官的大脑可能存在损伤，那是他1774年头部重伤的后遗症，导致他在博罗季诺战役中领导地位不稳

们重新夺回了大堡垒。大军团无法将优势转为胜势，不断地要求增兵，这就意味着拿破仑要派出自己的精锐部队——皇家卫队（总人数约25000人）。皇家卫队一直没有发挥作用，因为拿破仑不愿派出自己最后的预备队。就在拿破仑要部署皇家卫队之时，俄军骑兵的突然出现把他的部署打断了。

皇家卫队完全没有投入战斗；当很多俄军防线被突破时，如果拿破仑把他们部署在关键位置上，战斗可能就会取得决定性胜利。因此，血腥的战斗继续拖延下去。甚至在短暂的"暂停"期间，炮火仍在继续攻击停止战斗的士兵。上尉让·德·马洛回忆起这些恐怖的场景，当时他正在跟一位下属谈话："就在他告诉我除了水他什么都不缺的时候，一枚炮弹将他炸成了两段。不久之后，我把马交给一名士兵牵一下，才过了半分钟他就被炸死了。"

俄罗斯的报复

　　尽管俄军在战役中失利，但他们在博罗季诺经历了血与火的洗礼，大大增强了信心，在此后与拿破仑的战争中再未失手过。同时，大军团祸不单行，从占领莫斯科失算到后来狼狈撤离这座俄国古都，境况越来越糟。整个战争期间，俄军力量一直在增强，而拿破仑损失了数十万士兵，也失去了令欧洲胆寒的不可战胜的光环。俄国皇太后玛丽·费奥多罗夫娜说："他不再是偶像，已降为凡人，因此，他也会被人击败。"

　　整个1813年，俄国都在向欧洲推进，同时也游说其他国家转而反抗法国。普鲁士和奥地利都是不情愿地做了拿破仑的盟友，它们分别在3月和8月向拿破仑宣战。虽然拿破仑依然数次击败反法同盟，但如今他的优势已经丧失，10月16日在莱比锡被彻底击败。1814年3月31日，巴黎沦陷，沙皇亚历山大一世骑马进入巴黎，当地人的欢呼出乎他的意料。一位俄国军官帕维尔·普申写道："所有人都表现出真心的愉快，他们欢呼着'亚历山大万岁！'就在昨天这些人还在喊'拿破仑万岁！'"命运的车轮已经转满一圈，4月6日拿破仑退位。

是断肢和暴露的内脏——有人的，也有马的。最惨烈的地方是让人毛骨悚然的大堡垒，根据一位军官的描述："……你做梦也想象不到那种极其惨烈的恐怖景象。小山一样的死尸和将死的士兵覆盖了道路、沟渠和防御工事，尸体枕藉，平均有六到八层之多。"

法军几乎没有俘虏任何人，这在以战俘人数来衡量胜利的时期是极不寻常的。"死亡人数证明了被征服者的勇气，而不是胜利的规模。"塞居尔伯爵后来评论道。对拿破仑来说，这是一次胜利，但代价惨重，他的军队精疲力竭，已无法追赶俄国人。皇家卫队的一名军官回忆说，士兵们度过的那一夜，"……在泥泞中，没有火，周围都是死者和伤者，痛苦的哀鸣让人心碎"。但另一方的俄国人尽管惜败，却依然士气高昂。彼得·维亚泽姆斯基公爵感觉他们并没有被打败，他为经受住了拿破仑进攻的考验而自豪："每个人都保持着如此狂热的激情，他们都是我们部队无畏壮举的最新见证者，管他是失败还是部分失败，这样的念头才不会钻进我们的脑子里。"

博罗季诺战役的代价是巨大的。这场战役成为有历史记录以来单日伤亡最惨烈的战役，这个纪录一直保持到第一次世界大战时期，为1916年的索姆河战役所取代。俄军的伤亡在38000人到58000人之间，其中包括29位将军。有的部队整个建制都已不复存在，如舍万斯克团，战役开始时有1300人，到下午3点只剩98人。

大军团的损失相对较轻，有28000人伤亡，包括11位阵亡的将军；但大军团的伤亡难以得到补充，因为安全地带已远在千里之外。拿破仑的骑兵实际上已被摧毁，其直接后果是丧失了机动性，破坏了后勤补给。此外，据估计大军团发射

▲ 拿破仑注视着燃烧的莫斯科。在博罗季诺战役之后，俄国人点火焚烧他们的古都，使大军团得不到住所、补给和胜利的荣耀

了60000到91000枚炮弹、140万发子弹，大概每分钟平均发射100枚炮弹、2300颗子弹。一位现代历史学者曾把这场混战比作"许多满载的波音747飞机坠毁，无人生还，在8个小时里，每5分钟就是一架"。

拿破仑或许赢得了这场激烈紧张的战役，但他的军队不可挽回地被削弱了，而他的主要补给线也被切断。然而他的骄傲不允许他撤退，他的疲惫之师继续进军莫斯科。大军团很快占领了一座被故意焚毁的废弃城市。拿破仑逐渐意识到沙皇亚历山大一世决不想签订任何和约，他只好灰溜溜地在俄罗斯无情的严冬中撤离，无谓地咒骂为什么他的部队被遗忘在荒芜的冻土上。据估计，1812年6月至1813年2月之间，由于这场战争，各方约有100万人丧生，最终只有35000名法国人返回法国。这场梦魇的主角博罗季诺与拿破仑的欧洲都没有真正从中恢复过来。

拿破仑的衰落

拿破仑的衰落

皇帝的短剧

一座小岛能留住皇帝的心吗?
厄尔巴与法国将拭目以待。

爱德华多·阿尔伯特 / 文

"拿破仑伴着隆隆的炮声和火药的硝烟离开了法国。"

1814年4月28日晚，拿破仑登上了"勇敢号"护卫舰的接驳船。法兰西皇帝即将被流放，流放时他仍是皇帝。但是他的帝国，过去从大西洋延伸到波罗的海，如今则缩小为一座224平方公里的小岛，该岛位于第勒尼安海，距离意大利10公里。根据《枫丹白露条约》的规定，拿破仑·波拿巴从法兰西皇帝的宝座上退位，成为厄尔巴岛（Elba）的皇帝。

如今，厄尔巴岛是意大利的一部分，但历史上则多次易主，19世纪初成为法国领土。如今根据条约规定，厄尔巴岛成为拿破仑的个人财产。厄尔巴岛位于科西嘉与意大利之间，没有记录提

▼ 拿破仑离开厄尔巴进行他人生的最后一次豪赌

▲ 拿破仑准备动身前往厄尔巴岛流放时，在枫丹白露向他的卫兵道别

到拿破仑曾在青年时代到访该岛，但其至少为拿破仑提供了一个熟悉的环境。在法国当前的局势下，这是他所能期待的最好的结局，但他还是拖延了一些时间才到达那里。

离开枫丹白露宫后，拿破仑首先花了8天时间到达了位于法国地中海岸的弗雷瑞斯（Fréjus）。落魄的皇帝在旅途中大部分时间都化装出行，以避免被保皇党的刺客追杀，或者被老百姓指指点点。原计划是让拿破仑在圣特罗佩登上前往流放地的船只，但他坚持要从弗雷瑞斯登船离开法国。因为弗雷瑞斯是1799年他从埃及返回法国的登陆地，他从那里开始了攀上权力高峰的非凡历程。现在这里也将见证他的式微。即便如此，他几乎还是无法割舍这片土地。当"勇敢号"船长托马斯·乌瑟尔来到他在弗雷瑞斯下

榻的旅馆通知他接驳船正在等候，他才强迫自己离开。

但是，拿破仑这个非常讲究帝王排场的人坚持认为，他作为一位君主登上"勇敢号"时应鸣21响礼炮致敬。尽管海军条例上说日落后不应鸣炮致敬，但护卫舰的船长还是同意了他的要求。拿破仑伴着隆隆的炮声和火药的硝烟离开了法国。3天后是5月1号，"勇敢号"行至科西嘉岛附近，但并未在那里靠港。拿破仑登上护卫舰的甲板，眼望着故乡从身旁经过。5月3日晚，"勇敢号"在厄尔巴的主要城镇与港口费拉约港（Portoferraio）抛锚停靠。第二天，拿破仑来到岸上接管他的新王国。彼得罗·特拉迪蒂市长将该岛的钥匙呈给拿破仑，但这种场合居然让这个可怜的人紧张不已，一句话也说不出来。

拿破仑像往常一样注重细节，他已经为他的岛国设计了一面新旗帜：白色背景上是一条斜对角穿过的红色条带，红色条带上有三只醒目的金色蜜蜂。这面厄尔巴旗一直流传到今天。当地人热情地迎接新统治者的到来，尽管这种热情是刚刚获得的。当厄尔巴岛要被送给拿破仑的消息慢慢传开的时候，厄尔巴人曾爆发了一些抗议活动，随着这些长年贫困的人意识到流亡的皇帝将会给厄尔巴岛带来更多急需的生意和就业，抗议很快便平息了。新旗帜上的金蜜蜂确实是岛民们所期待的。因此他们簇拥着他们的新统治者走进费拉约港，走向教堂，他们在教堂齐唱《感恩赞》献给上帝，以感恩拿破仑的安全到达。而后，厄尔巴皇帝被带去参观他的新居：比斯科蒂里亚，一座由饼干厂匆匆改造而成的皇帝寝宫。对拿破仑来说，这一定与巴黎的杜乐丽宫天差地别。

最小的帝国，最好的皇帝

拿破仑在权力巅峰时，统治的土地幅员200万平方公里，如今他只有224平方公里，但是他要让这里成为世界上治理最好的224平方公里。5月5日，即到达后的第二天，他早上4点便起床了，前去视察费拉约港各处的防御情况，直到10点才回来吃早饭。不懈的活力和行动力将是拿破仑在厄尔巴期间的标签。一个星期以后，拿破仑走遍了全岛，也选好了一处更合乎其尊崇地位的别墅——可以俯瞰新首都的穆里尼宫（现在那里是一个博物馆，用以纪念拿破仑在厄尔巴的岁月，里面藏有酷爱读书的拿破仑从法国带来的1100册图书）。

作为厄尔巴皇帝，拿破仑的日程表满满当当。他4点就起床阅读急件，口授信件，查看公文，然后到花园里散步，再小睡一会儿，接着他

身在国外的妻子

几个星期后，拿破仑的母亲、一个妹妹还有一个情人来到厄尔巴岛与他团聚。但是他最想团聚的人——他的妻子玛丽·路易丝从未到来。自1814年1月25日以来，他便再也没有见过妻子和儿子，他们只是保持着断断续续的书信联系。玛丽·路易丝已经带着小拿破仑离开法国回到维也纳，回到了她父亲奥地利皇帝弗朗茨一世身边。拿破仑当然希望与玛丽·路易丝夫妻团聚，她的信中也显示起初她打算去陪伴流放中的拿破仑。但是弗朗茨一世和他的顾问——大名鼎鼎的梅特涅侯爵轻而易举便击碎了玛丽·路易丝对丈夫本就不深的好感。首先，他们给她带来拿破仑的消息，说拿破仑听到前妻约瑟芬于1814年5月29日去世的消息时悲痛欲绝，把自己关在房间里整整两天。然后梅特涅指示独眼但英俊帅气的助手——军官亚当·阿尔伯特·冯·内珀格"不惜采取一切手段"阻止玛丽·路易丝前往厄尔巴岛。当他们一同去艾克斯莱班温泉水疗时，拿破仑以更加盛气凌人的措辞给她写信说她应该去陪伴他。玛丽·路易丝拒绝了这样的发号施令。回到维也纳后，她与冯·内珀格成为情人，随后结婚并生育了三个孩子。

"他的妻子玛丽·路易丝从未到来。"

▲ 拿破仑的第二任妻子玛丽·路易丝

会骑马去岛上各处看看他发起的建设项目。10点或11点，是稍迟的早餐，然后读一会儿书、沐浴、与下属交谈。大约下午4点左右，拿破仑通常坐上他的轻便带篷马车出门，途中随时随地停下来与那些希望向皇帝表达诉求的厄尔巴人说话。再回到穆里尼宫已经快到晚上了，拿破仑将接见来访者（不断有游客想亲眼见识一下这位掌控欧洲那么久的皇帝，其中很多游客来自英国）。晚餐在6点到8点之间进行，之后他会跟母亲（母亲来厄尔巴岛陪伴流放的儿子）玩纸牌或者下棋，9点到10点之间上床休息。

对于一个精力源源不断的皇帝，在厄尔巴面临的最大挑战显然是无聊。为了避免这种状态，他开始关注这个小小王国的微小细节：他组织收集清理垃圾，通过了粪肥收集的法律，规定了应向园丁支付的费用，改进了关税和消费税，制订灌溉拉科纳平原的计划，下令在山谷植树造林并种植橄榄树，建立道路和桥梁监察局，并下令一张床上不可以睡超过5个孩子。他曾经在巴黎的杜乐丽宫要求查看几年来洗衣房的记录，只因为他在晚餐后拿到了一条脏餐巾，这种对于细节的痴迷仍驱使着他。但是，在某种程度上，拿破仑觉得所有投入这个小小王国的行动都是徒劳的。他在厄尔巴期间发起的各种建设项目都有心血来潮的特点，只要哪个项目遇到困难或者他对试图达成的目标感到无趣，就会被他扔在一边。

同时，资金问题加剧了拿破仑的烦恼。根据《枫丹白露条约》规定，复辟的波旁国王路易十八每年应向拿破仑支付二百万法郎的补助以保证其消费支出，这个数目相当可观。拿破仑把一

▲ 这些用于动员英国人对抗拿破仑的讽刺漫画并没有因其流放厄尔巴而停笔

大批幕僚和用人带到厄尔巴岛，还有566名士兵负责他的保卫；在穆里尼宫，不但宫廷礼仪和排场不仅没有缩减，甚至还要尽可能与杜乐丽宫一模一样。拿破仑在厄尔巴的主要支出是家庭和部队的支出——家庭运转支出的费用只有军费的不到百分之十，他来自地方税收、消费税、渔业和盐业的收入远远无法满足他的过度开销。

拿破仑在流亡途中随身带了50万法郎，随后又追加了350万法郎。他的年度支出在150到180万法郎之间，而税收收入只达到支出的一半。得到法国每年提供的200万法郎补助款，拿破仑才能弥合财政缺口，但是路易十八不愿意支付他没有参与谈判的款项，即使法国的财政允许也不行。实际上，拿破仑的战争耗尽了法国的财政资源，为了给这位倒台的皇帝补贴而克扣他人似乎有点过分。拿破仑试图增加自己的收入，他派部队到卡波利韦里镇，因为那里的居民拒绝纳税，但厄尔巴确实没有足够的钱来供养拿破仑。没有路易十八的补助款，拿破仑的钱只消两年多就会用光，除非他开始大幅度削减他的帝国排场的开支。一个只有5个男仆的人降低开销或许没有太多困难，但那不是拿破仑的风格，减少他的家庭支出会削弱他的帝王气派。对于拿破仑来说，他没有其他欧洲统治者所宣称的先天统治权，因此权力的象征是强调他在世界上——或者更确切地说是在世界顶端——地位合法性的必要条件。

▲ 莱奥·冯·克伦策晚年的画作《被流放厄尔巴岛的拿破仑》

旗帜飘扬

拿破仑一到厄尔巴岛，就很在意治理该岛的细枝末节问题，在他驶向厄尔巴时，一个引人注目的项目便已确定下来了，那就是厄尔巴旗。作为厄尔巴皇帝，他的新国家需要一面新的旗帜，因此他在"勇敢号"上便先行设计完毕。拿破仑酷爱读书，他把很多书带到厄尔巴岛，其中包括一本展示托斯卡纳大公国古代和现代旗帜的书（厄尔巴岛曾是该国的一部分，1802年割让给法国）。新厄尔巴旗上的斜对角条带模仿了厄尔巴古代统治者——阿皮亚尼家族的旗帜，而蜜蜂则代表着拿破仑宣称的与墨洛温王族的联系——在法国第一个王朝的创建者希尔德里克一世的墓中发现了金蜜蜂，蜜蜂也常常用作拿破仑及其王朝的标志。尽管对于旗帜的确切含义和来历仍存在分歧，但拿破仑亲自设计旗帜的事实是确定的，而且这面旗帜象征着他的统治理念，无论是在曾经的法兰西帝国还是在后来的厄尔巴岛。

▲ 拿破仑设计的厄尔巴旗

▼ 自厄尔巴岛的拿破仑别墅东望，如果天气晴朗，可以看见意大利

"暗杀的不祥传言通过线报传到拿破仑的耳朵里，使他心绪不宁，每晚都更换不同的房间就寝。"

去还是留？

然而，财政问题并不是拿破仑决定离开厄尔巴的主要原因。1814年11月召开的维也纳会议塑造了欧洲未来的格局。形势很快便明朗起来，欧洲列强并不打算让拿破仑留在厄尔巴岛。虽然被切断了与法国和欧洲的官方沟通渠道，但拿破仑开辟了一条秘密的情报渠道，他可以了解法国的局势和政治动向，他同时也通过那些云集厄尔巴岛一睹拿破仑尊容的高级游客礼貌而充分地探听最新消息。在维也纳会议上，法国外交大臣塔列朗认为应该将拿破仑安全地转移到距欧洲大陆1400公里的亚速尔群岛，而另一些人则建议将他送到加勒比地区的圣卢西亚，或者大西洋中部的圣赫勒拿岛。

拿破仑能否活到被转移到更为遥远的流放地，这完全是个未知数。暗杀的不祥传言通过线报传到拿破仑的耳朵里，使他心绪不宁，每晚都要更换不同的房间就寝。到1814年底，他只有在武装卫兵的陪同下才会离开穆里尼宫。

同时，有消息传到厄尔巴岛，复辟的波旁君主政府在法国人民中并不受欢迎。虽然拿破仑是在刻意搜寻自己想听到的信息——法国人仍然热爱他并欢迎他回来——不过很显然，拿破仑多年

·173·

▲ 穆里尼别墅墙上拿破仑的徽章浮雕

▲ 拿破仑钦定的穆里尼皇宫的正面外观

来的支持者正在遭到路易的复辟政权的疏远，尤其是拿破仑的庞大军队中有很多人被裁掉，侥幸留职者也只能领到半额的薪俸。这些被疏远者都坚定地支持拿破仑，尤为重要的是，不论拿破仑如何为了自己的荣耀而使他们流血牺牲，他们仍普遍保持忠诚。政府用白色的波旁旗帜代替三色旗也使共和主义者大为反感，而回国的流亡显贵无偿收回自己土地和财产的企图，则引发了人们对可能倒退回最糟糕的旧政体的恐惧。复辟的波旁王朝挥霍掉了许多政治资本，拿破仑确信他所期待的时机已经到来，有助于他重新掌权的条件已经出现。

况且，到1814年12月底，拿破仑对自己的未来已经十分忧虑，他会见英国驻厄尔巴的代表尼尔·坎贝尔（Neil Campbell）上校时说，他会以武力对抗任何要将他转移出厄尔巴岛的企图。维也纳会议从1814年11月持续到1815年6月，那些致力于打造新欧洲的外交官或许应该考虑一下在厄尔巴受煎熬的那个人的主要心理冲动：对拿破仑来说，最好的防守就是进攻。

我们不知道拿破仑到底是何时决定返回法国重夺王座的，因为这个决定藏在他的内心深处，面对同伴时他不露声色。他返回的希望似乎已经在流放中消逝殆尽，但就在1815年的头两个月，他做出了决定。2月16日，坎贝尔前往意大利（去见医生或会情人，或者两者兼有），海岸变得畅通无阻——他乘坐的正是英国派驻厄尔

巴岛专门监控全岛的"鹧鸪号"。当天，拿破仑就下令为他的双桅船"无常号"备好补给并将船身漆成英国舰船的样子。显然这样的伪装很有先见之明，因为一个星期后"鹧鸪号"返航，2月23日晚停靠在费拉约港。坎贝尔还在意大利，他先派船返回厄尔巴查看是否一切正常，看看雄鹰是否还在他的巢穴里。一看到"鹧鸪号"靠岸，拿破仑就命令"无常号"出海，并安排他的士兵在他别墅周围的花园里劳作，使一切看起来一如往常。2月24日"鹧鸪号"船长带着一些游客上岸，顺便核实拿破仑是否还在宫里，结果令人满意，于是他起锚再次出航。作为一名海军军官，他似乎太不注意察言观色了，着实不可思议。

第二天，拿破仑会见了岛上的官员，告诉他们他要离开，启程时间设定在2月26日星期日晚上。晚7点，拿破仑离开穆里尼宫，人群簇拥着他的马车一路到达港口。在一小队船只的伴随下，拿破仑被摆渡到"无常号"上，驶离厄尔巴。在"无常号"双桅船的两侧还有六条船同行。这只小型舰队载有1000人、40匹马和4门大炮。拿破仑试图带着这样一支军队赢回法国。

拿破仑站在"无常号"的甲板上，望着法国的方向说："骰子已经掷下，唯有前行。"[1]他准备奋力为权力做最后一搏。在轻柔的风中，舰队缓慢前进。在1815年3月1日太阳升起那一刻，拿破仑看到，他在流放期间日思夜想的法国大地露出了地平线。

---

① 拿破仑引述的是尤利乌斯·恺撒的名言，公元前49年1月10日，他率领军队越过意大利北部的卢比孔河发动对庞培的内战，这是他表达破釜沉舟的决心时发出的感叹。——译者注

拿破仑的最后亮相

查尔斯·J. 埃斯代尔 / 文

"拿破仑建立了一个横亘欧洲的庞大帝国。"

查尔斯·J. 埃斯代尔是利物浦大学的历史学教授，他撰写了大量关于拿破仑战争的专著，其中包括《拿破仑、法国与滑铁卢》《被拒的雄鹰》《拿破仑的战争：1803—1815年的国际史》。

▲ 拿破仑从流放地厄尔巴岛逃离

就在拿破仑远离法国在埃及漫游时，奥地利和俄罗斯重新加入第二次反法同盟，夺回了意大利。显然，相比这个在大革命血腥的混乱中诞生的虚弱政府，法国需要一个更强大的政府。

填补这个空缺的人是拿破仑。这个意志极其坚定的年轻人一直幻想着有朝一日可以掌握权力，1799年11月他终于登上了事实上的独裁者高位。第二年，他重新塑造了法国，并迫使对手们缔结和约。虽然1803年法国与英国又重回敌对状态，但第二年他所创立的温和政治体系便以法兰西皇帝的尊号投桃报李。

随后几年中，法国军队取得了前所未有的成

"拿破仑负隅顽抗，无奈大势已去。"

拿破仑重掌政权的高光时刻

第1天　1815年3月20日

雄鹰着陆
拿破仑回到巴黎，路易十八则逃往里尔。拿破仑在杜乐丽宫受到大批军官的迎接，街道也因此变得冷冷清清。

第6天　1815年3月25日

欧洲开战
维也纳会议全体一致谴责拿破仑是个不法之徒，俄罗斯、普鲁士、奥地利和英国承诺要彻底击败他。

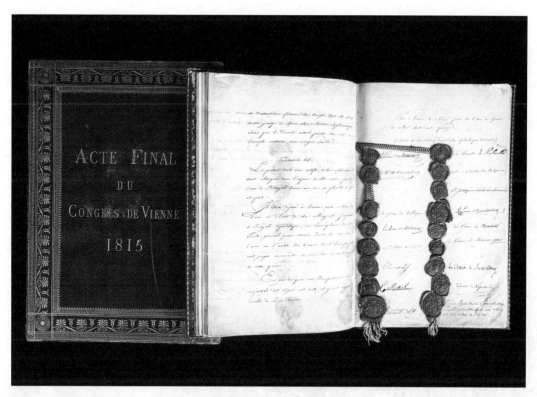

▲ 1815年6月9日拿破仑的对手们签署了维也纳会议的最终决议

功,因而法国上下团结一心。有产阶级和平民百姓的社会地位都得到了国家的尊重与保护,前者没有理由反对拿破仑,后者整体上都通过繁荣经济的举措得到安抚。此外,服兵役的压力仍然比较大,但并非没有道理。到了1807年,法兰西帝国大大扩张,涵盖了法国兼并的领土、由巴黎直接统治的地区以及那些卫星国。卫星国往往由拿破仑的某位亲属统辖,比如西班牙就在其长兄约瑟夫的统治之下。

然而,胜利冲昏了拿破仑的头脑,他开始不断地穷兵黩武。随着他对权力与荣耀的渴望与日俱增,他对士兵和金钱的需求也与日俱增。与此同时,欧洲列强已被拿破仑逼得退无可退,只有一战。战争无休无止,几乎没有任何实现和平的迹象。精英和平民一样都对皇帝越来越不满。而拿破仑的一系列失误导致了全面的经济危机,严

第10天 1815年3月29日

废除奴隶制
为了表现得更为革命,拿破仑任命雅各宾派激进分子拉扎尔·卡诺担任内政大臣,颁布法令废除奴隶制。

第12天 1815年3月31日

路易十八流亡
发现里尔驻军对王室怀有敌意后,路易十八带着一众忠诚的追随者离开法国,在流亡地比利时根特组建流亡政府。

第63天 1815年5月20日

缪拉失势
拿破仑的妹夫——那不勒斯国王若阿基姆·缪拉向奥地利宣战,但被击败,逃到科西嘉。

▼ 拿破仑在滑铁卢战役前鼓舞士气

重影响了普通人的生活水平，使这种不满进一步加深了。

1812年法国在俄罗斯首次被击败，1813年在德意志又被击败，1814年法国本土被入侵。拿破仑负隅顽抗，无奈大势已去，由于大批民众拒绝服从政府，兵役体系已经崩溃。几个星期后，一切尘埃落定。1814年4月6日，拿破仑被迫向敌人投降。

理论上讲，这本应是故事的结局。拿破仑被流放到小小的地中海岛屿厄尔巴并成为那里的皇帝，而波旁王朝在法国复辟，由路易十八统治。同时，欧洲列强齐聚维也纳召开大会，它们并不想将日历翻回到1789年，而是要建立一个新的国际关系体系：一方面，要确保法国不再发动任何形式的侵略行动；另一方面，要确保欧洲别再退回到18世纪那样痛苦煎熬、没完没了的冲突状态。

从旁观者的角度来看，倒台的拿破仑失利后并没有被粗暴地对待。他被给予了充分的行动自由，临走的时候还从皇家卫队抽

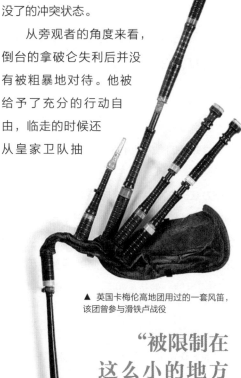

▲ 英国卡梅伦高地团用过的一套风笛，该团普参与滑铁卢战役

"被限制在这么小的地方是一种折磨。"

宪法万岁！

1814年，法兰西帝国风雨飘摇，时政作家邦雅曼·康斯坦（Benjamin Constant）对拿破仑发表了无情的抨击，把他描绘成一个沉迷于征服的暴君。然而一年后，康斯坦无法抗拒复位皇帝的邀请，为他起草了法国新宪法。拿破仑知道从厄尔巴回归后需要争取支持，他需要拥抱法国的革命遗风，并将其当作保卫自由、反对波旁王朝的武器。

康斯坦起草的文件被附在之前《法兰西帝国宪法》的后面，它更像是实施自由君主立宪制的建议书。这份文件被称作《附加法案》，它赋予了众议院实实在在的权力，众议院由帝国的"选举团"选出，将选举权扩展到更多人身上。该法案还明确地保证了新闻自由和宗教自由，也禁止任何撤销大革命土地改革政策的诉求。

1815年4月22日，拿破仑签署了《附加法案》（这部法律很快就以起草者之名被昵称为"邦雅曼法"）并提交公民投票。合法选民中只有不到20%的人实际投票，但赞成票达到130万张，反对票则只有5000张；6月1日政府宣布法案通过。尽管滑铁卢战役后再次复辟的路易十八废除了该法，但是它为后来的法国宪法，特别是《1830年宪法》提供了启迪。

▲ 邦雅曼·康斯坦满怀希望，他想建立一个自由的欧洲

"拿破仑宣称自己是反对复辟的斗士，并提议制定一部自由的新宪法。"

走了大概600名士兵，他的流放地是一个宁静祥和、风景如画的意大利小岛，他在这里几乎无拘无束。

但对拿破仑来说，被限制在这么小的地方是一种折磨。法国政府没有支付本已承诺给他的补助金，这当然令他感到委屈。很多民众对新政权公开表示不满的消息也传到他的耳朵里。因此在1815年2月底，他决心回到法国，重塑自己的辉煌。

他的越狱行动有些出其不意，竟没有一个卫兵阻拦他。正常情况下，有一位英国代表——尼尔·坎贝尔爵士负责监视拿破仑，但他在2月16日离开厄尔巴前往佛罗伦萨，据传是去私会情人。10天后，拿破仑带着他的帝国卫兵搭乘其"无常号"小双桅船扬帆启航。

接下来就是所谓的"天高任鸟飞"。据传说，这位前法兰西皇帝回到法国的时候受到了英雄般的欢迎，但事实却有点缺少浪漫气息。3月1日，拿破仑在法国海岸登陆，起初他拒绝进入昂蒂布镇（Antibes），大概是因为他发现只有两个人自愿来欢迎他。

但是，在一个坊间流传较广的故事版本里，拿破仑勇敢地面对了一队拦路向他开火的士兵，这队士兵就是格勒诺布尔的驻军，他们在3月5日决定追随拿破仑。里昂城是拿破仑当政时一直青睐的地方，也在5天后兴高采烈地欢迎他的到来。

最令人瞠目的是，尽管内伊元帅向路易十八保证，会把拿破仑装在铁笼子里带回巴黎，但是当他们3月18日最终在欧塞尔遭遇时，内伊带着他的6000名士兵宣誓效忠拿破仑。他的选择有悖于他良好的判断力，这个决定最终要了他的命。

路易十八收到的报告称拿破仑获得的支持不断增加，3月20日他逃出巴黎。就在几个小时后，拿破仑君临巴黎，住进了杜乐丽宫。在受到一大群军官欢迎后，他们尽情欢庆，直到深夜。

拿破仑赢得军心的能力是不出意料的。复辟王朝对待军队的态度令一些士兵大为愤怒，很多曾为拿破仑英勇战斗的军官从波旁王朝那里只拿到减半的薪俸。倾向贵族的波旁王朝在大革命来临的时候逃到国外，而这些军人在为法国的利益奋勇杀敌。然而，要重获对大众的控制权显然更为棘手。

民众对拿破仑的高调归来漠然置之。有些地区出乎拿破仑的意料，反应热烈，他们或是因为一些特殊的原因憎恨波旁王朝，或是在1814年饱受外国干涉军的直接冲击，但其他地区对于他回归的消息则夹杂着担心、恐惧和武装抵抗。

为了赢得公众舆论，拿破仑宣称自己是反对复辟的斗士，并提议制定一部自由的新宪法。但人们对他的一切努力充耳不闻，他的行动甚至常常遭遇挫败。例如1815年6月1日举行的所谓

▼ 在比利时战场的狮子丘纪念碑旁，可以看到滑铁卢战场全景

▲ 法军第105步兵团携带的行军鼓

"冠军五月"庆典，本应是一场欢庆新宪法诞生的盛会，结果适得其反。

这次庆典显然是打着更为自由的幌子试图恢复帝制，"冠军五月"的名称更是火上浇油：这个名称最初是指查理大帝和其他中世纪的君主发起的贵族聚会，当时是为了安抚那些可能反叛的臣属。

拿破仑自己认为返回法国到底能取得多大成就，我们不得而知。虽然他可以掌控巴黎，但让欧洲列强与之和平相处则绝无可能。1814年之前，他们曾一次又一次努力与拿破仑达成协议，最终却发现他是狮子大开口，或者说他们与这位皇帝的友情在利益面前发挥不了什么作用，甚至不值一提。拿破仑很快被宣布为跨国逃犯，欧洲

第90天 1815年6月15日
皇帝的反击
拿破仑率领约20万大军发动进攻。他准备插入英国军队和普鲁士军队之间，再各个击破。

第91天 1815年6月16日
布吕歇尔受挫
拿破仑在利尼击败了普鲁士陆军元帅布吕歇尔，但并未击溃他的军队；布吕歇尔率部逃到瓦夫尔并同意在滑铁卢战役中支持威灵顿。

第93天 1815年6月18日
滑铁卢战役
在人生最后一场战役中，尽管天气恶劣且同时面对英军和普军，拿破仑在大溃败前还是取得了很大的战果。数万人在混战中殒命。

▲ 威灵顿与布吕歇尔建立"贝尔联盟"

列强已经开始筹备入侵法国，用不了多久就会开战。基于这样的不利因素，拿破仑获胜的概率微乎其微。

虽然路易十八不得人心，但归来的统治者带来了经济灾难和无休止的战争，法国人民同样充满愤恨。那些在他逃离厄尔巴时服役的士兵严重减员，但再征兵已无可能，拿破仑只能依靠他们。

能够动员参战的只有民兵、国民卫队以及1814年复员回家的数十万老兵——复员的条件是如果战争需要，他们可以再次被征召入伍——这样一来，拿破仑最多能组织起50万人的大军。不过，实际招募到的连预想的三分之一都不到，最终拿破仑的军队总人数只有25万。

第97天　1815年6月22日

拿破仑再次退位

在滑铁卢战役后，法国的政治精英呼吁拿破仑下台。拿破仑接受了失利的结果，逊位于四岁的儿子。

第105天　1815年6月29日

离开巴黎

布吕歇尔的骑兵队正火速赶来，他们奉命追捕拿破仑，死的活的都可以。为逃避追捕，拿破仑带着一小队护卫离开巴黎。

第114天　1815年7月8日

路易十八复辟

路易十八返回巴黎并主持立宪政府。威灵顿与联军在法国一直驻扎到1818年。

最后的对决

滑铁卢战役中，拿破仑在哪个环节出了纰漏？

10 法军撤退

法军的右翼和中军已经分崩离析，拿破仑仅剩的有战斗力的部队是两个营的老近卫军。尽管他希望聚齐剩余部队继续战斗，但已无法与联军抗衡，拿破仑唯一能做的就是下令撤退。他在老近卫军的掩护下撤退，很多士兵为阻止联军的追击战死沙场。

01 第一天

6月18日10点到11点半，法军向乌各孟联军阵地——一座用作战略前哨的大型农庄——发起进攻，滑铁卢战役打响。战斗最初并不激烈，双方只投入了少量部队，但是到了下午，这里成了血腥的战斗中心，联军抵挡着法军的一轮又一轮进攻，大量战斗集中在这里。

02 中央炮列

大约在中午时分，拿破仑命令他的中央炮列的80门大炮向威灵顿的阵地开火。这些大炮给着威灵顿的骑兵造成很大伤亡，打开了对方防线的一个潜在薄弱点。

03 法军炮兵攻击

联军防线被削弱后，拿破仑适时派出多个步兵军团向前推进。最初战斗按法军的节奏进行，左翼的步兵压制了威灵顿部队的反扑。然而，就在拿破仑似乎要取得重大突破时，他得到报告，普鲁士部队正在快速靠近。拿破仑想传令埃马纽埃尔·格鲁希（Emmanuel Grouchy）元帅前去阻击，但格鲁希却在20公里外的瓦夫尔。

04 英军重骑兵的攻击

见步兵情势危急，威灵顿的第一和第二骑兵旅发起冲锋，猛攻法军的步兵。他们到达山脚下时，完全遏制了法军步兵的推进。但他们也因此处于孤立无援的境地。

05 拿破仑的筹码

联军重骑兵的前方直面法军的步兵方阵，孤军奋战，拿破仑下令反击，他出动了本方骑兵师中的胸甲骑兵和枪骑兵团。大规模的中央战斗随即开始，大量骑兵、步兵和炮兵投入其中。拿破仑的骑兵团重创了联军的重骑兵，但无法将其彻底消灭。拿破仑还派出部队拦截普军。

09 重夺普朗斯努瓦
普军重新夺回了普朗斯努瓦,将进攻的目标对准拿破仑的右翼,向威灵顿施以援手。曾在普朗斯努瓦阵地支撑法军阵地的老近卫军匆忙撤退。

08 皇家卫队攻击威灵顿
拿破仑的部队在普朗斯努瓦暂时拖住了普鲁士军,他向联军继续发动最后一次主要进攻。他派出英勇无敌的皇家卫队向威灵顿的中军发动进攻,试图从内部突破并击溃英军。皇家卫队成功突破了联军的一些防线,但终因人数上的劣势被威灵顿的步兵击败并消灭。

07 普军到场
从 10 点开始,威灵顿一直在与普鲁士军队的指挥官布吕歇尔将军通信,他了解到布吕歇尔正从东边赶过来。普军大概下午 4 点半到达,他们注意到拿破仑右翼的普朗斯努瓦是一个战略要点,便开始攻击那里的法军。最初他们攻克了该村,但后来又被法军夺回。

06 陷入僵持
在战场中心,联军和法军来回不断进行着拉锯战。四面八方的大炮和滑膛枪喷着火舌,整个战场硝烟弥漫。法军向中央右侧的威灵顿阵线发动多兵种联合进攻,一场全面的混战随之展开。每一方士兵的数量都在锐减。

◀ 滑铁卢战役的关键时刻,威灵顿给一名下属军官的手令

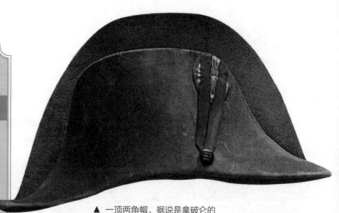
▲ 一顶两角帽，据说是拿破仑的

战争中的数字

年龄

拿破仑 **45**岁

威灵顿公爵 **46**岁

布吕歇尔 **72**岁

滑铁卢

距布鲁塞尔 **15**公里

战力统计

法国	七国联军
兵力 72000人	兵力 113000人
骑兵 14000人	骑兵 11000人
大炮 252门	大炮 156门

战役持续时长

11小时 | 平均每分钟伤亡 **90**人

紧急截肢（无麻醉） **2000**人

法军损失

伤亡 **25000**人

被俘 **8000**人

联军损失

伤亡 **23000**人

在这种情况下，他唯一的选择就是突袭最近的敌人，以期通过胜利威吓对手，迫使其签下和约。事实上，这个希望很渺茫。1815年6月15日，他出其不意地入侵比利时，因为那里的驻军最脆弱。

前线有两支独立部队，即威灵顿公爵的荷兰军——一支来自英国、荷兰和很多德意志小邦的多国部队——和格布哈德·布吕歇尔的下莱茵普鲁士军。两支军队的实力都不是很强，单支部队的人数均比拿破仑125000人的北部方面军少。因此，拿破仑计划各个击破，即在两支部队会师合力摧毁拿破仑之前，插入两者中间，分而击之。

这个作战计划的确很好，但执行得却很糟糕。部队走错了路口，没有在预定时间到达，或者被堵在通往前线的狭窄小路上。对法国人来说，幸运的是，联军也未在最佳状态。为了方便部队的补给，威灵顿和布吕歇尔的部队分散在比利时南部的广阔区域里，两位指挥官都没预料到这么快就遭到袭击。当晚，威灵顿正在参加里士满公爵夫人组织的舞会，他和很多主要军官都很享受无限量供应的红酒。

但是，由于参谋工作的延宕，法军没能充分利用对手的混乱。成功击败普鲁士军的特别时机被浪费，威灵顿和布吕歇尔设法到达了布鲁塞尔以南几公里处的安全地带——彼此的距离足以保

▲ 在短暂归来后，拿破仑被迫再次退位

"一个人的雄心壮志和对光荣的渴望让整个欧洲大陆血流成河。"

证轻松的互相救援。拿破仑的大计落空了。

战役的高潮在6月18日星期日早上到来。拿破仑率领主力部队追击威灵顿，他要在普鲁士军队赶到增援之前消灭威灵顿。但是战斗前一天下了一天大雨，导致其大部队无法准时到达；接近中午，拿破仑的部队才开始行动。战斗开始后法军才发现，威灵顿选择了一处非常稳固的阵地，那是一条山脊，上面还点缀着很多坚固的农舍。每一次进攻的尝试都被干脆利落地击退。

正如布吕歇尔承诺的那样，他的普鲁士部队马不停蹄地向炮声隆隆的战场赶来。下午4点半左右，大批普鲁士士兵涌向拿破仑的右翼战场。从那一刻起，越来越多的法国士兵不得不转头阻击布吕歇尔部队，成功击败威灵顿的目标越发难以实现。皇家卫队的最后一轮进攻被击退，夜幕降临，普鲁士军造成的压力十分巨大。为阻击敌人筑起的防线不仅被突破，而且被彻底摧毁。

这就是战役的结局——区区几分钟内，拿破

▲ 拿破仑第二次被放逐后，孤独地面对大西洋

仑的整支军队便土崩瓦解。唯一尚存战斗力的部队就是留作预备队的皇家卫队的几个营。在这样的乱局下，拿破仑极难逃过复仇心切的普鲁士人的追捕。他悄悄溜走，开始思考下一步行动。

这就是滑铁卢战役。拿破仑在被政府罢免后离开巴黎，7月15日最终向英国投降。英国立即将他永久流放到遥远的圣赫勒拿岛。他余生中一直都在谴责埃马纽埃尔·格鲁希元帅，认为他在战场上的失误造成了滑铁卢之痛。格鲁希一整天都在瓦夫尔与普鲁士的后军作战，才未能及时与拿破仑会合；但拿破仑不愿意承认，即便格鲁希回兵救援，结果也不会有什么不同。这位皇帝身后的战场上留下了成千上万的伤亡者，即使在两次世界大战中，也极少有类似的恐怖场面。但有

些人可能会认为，一个人的雄心壮志和对光荣的渴望让整个欧洲大陆血流成河，为将其赶出欧洲而付出代价是值得的。

拿破仑在大西洋中央的囚禁地的条件远比厄尔巴岛糟糕得多——他的房子潮湿逼仄，鼠患猖獗。而法国的遭遇也比1814年严重得多，不但要支付巨额赔偿金，还要承受3年的军事占领。

路易十八恢复了王位，1824年他死后由其政治上远不那么精明的兄弟查理十世继位。即使如此，直到1830年，波旁王朝才彻底被推翻。也许这恰恰证明了民众对波旁王朝不满的谣言有多么夸张，就是这样的谣言说服拿破仑开始了他的越狱之旅——一次足够疯狂的冒险。

拿破仑还能逃到哪里去？

流亡美利坚

滑铁卢战役失利后，拿破仑曾认真考虑过逃往美国。他最终在罗什福尔向英军战舰投降时，有一艘船就在码头等候他，船上载着家具、书籍和美国地图，以便他在新大陆能够开始新生活。在圣赫勒拿岛上的时候，他常常想象着如果他现在在美国会是什么样子，他想象着跟长兄约瑟夫生活在新泽西，也想象着退隐在密西西比河畔，甚至到西部探险，"建立一个新的家园"。他说："我多希望能实现这个梦啊，那一定会带给我新的荣耀和辉煌。"

投身欧洲革命

尽管1815年的欧洲决不欢迎拿破仑再回来，但不到5年间，意大利、葡萄牙、西班牙都爆发了革命。在巴西，有人制订了将拿破仑送回欧洲的救援计划。拿破仑在圣赫勒拿岛的看守赫德森·洛截获的一封信上说，如果拿破仑控制了西班牙，"法国一定会投降，因为士兵和人民都在期待他……这位为人称颂的英雄将拥有比以往更强大的舰队和军队"。我们可以将这种想法归于革命的狂热，但拿破仑当时的确被视为举足轻重的危险人物，以至于1820年11月关于他逃走的传言导致"法国股市下跌了五成"。

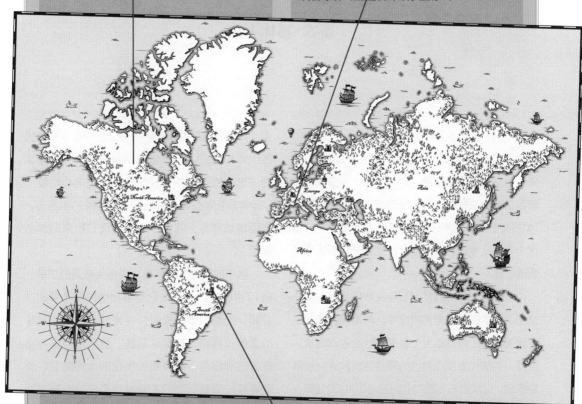

在南美建立一个新帝国

1817年，当拿破仑获悉长兄约瑟夫已经安全到达了美国，他说："如果我在他的位置上，我就会在整个西属美洲建立一个伟大的帝国。"如果他到了那里，一定会有成千上万的波拿巴主义者支持他并参加爱国者军队，为脱离西班牙独立而战。这其中包括米歇尔·布拉耶尔将军，他在拿破仑大军团的时候战绩辉煌，后来他还短暂指挥过支持独立的智利骑兵队。还有他的皇家卫队军官尼古拉-路易·拉乌尔，因为在危地马拉作战有功，被晋升为少将。据传言，有几次前往圣赫勒拿解救拿破仑的远征行动就是从布宜诺斯艾利斯出发的。

流放中的拿破仑

已经在流放中逃脱过一次的拿破仑，
会在戒备森严的圣赫勒拿岛再试一次吗？

香农·塞林 / 文

拿破仑·波拿巴作为英国的囚犯，在遥远的南大西洋圣赫勒拿岛度过了生命中的最后6年时光。虽然该岛与世隔绝、地形险峻，会令任何想营救这位前法国皇帝的人望而却步，但关于密谋逃亡的流言仍不绝于耳。英国政府严阵以待，竭尽全力阻止拿破仑重获自由。但拿破仑到底想不想逃走呢？

1815年6月，滑铁卢战役失败以后，拿破仑交出法国的王权，向英国投降，希望英国摄政王（未来的国王乔治四世）能同意他的避难请求。但是，英国代表反法同盟的列强将其放逐到圣赫勒拿岛。这座岩石岛距离非洲西海岸1900公里，距离巴西东海岸3200公里，是隐藏一个知名危险人物的理想地点，特别是对于一个几个月前从意大利海岸附近不太偏僻的厄尔巴岛逃离过一次的人来说，更是如此。

在圣赫勒拿岛，越狱绝非易事。圣赫勒拿岛实际位于一座死火山的顶部，沿海是陡峭的悬崖，几乎没有可供攀登的位置，岛内是纵横交错的山峰和峡谷。一位曾随同看守拿破仑的军队到过这里的英国外科医生描述这座岛屿时称："这是您所能想象的最丑陋、最凄凉的岩石岛，表面崎岖难行，就像一个从深海冒出来的黑色瘤子。"

除了这些天然的阻隔，还有大量人造工事。自17世纪中叶起，圣赫勒拿岛便归属于东印度公司。圣赫勒拿岛是船只往来欧洲和亚洲航线的重要停靠港，有军队驻防。登陆地点建有坚固的防御堡垒，并有威力十足的大炮防卫。这些堡垒俯瞰着岛上的主要城镇和港口詹姆斯敦（Jamestown）。

1815年10月，载着拿破仑前往圣赫勒拿岛的船只落锚停靠在詹姆斯敦，"每一个平台、每一处豁口、每一座山的山脊上都架设了一门大炮"。拿破仑来到甲板上，透过望远镜观察，看到岩石峰顶上都架着大炮。他很快回到船舱里，

▼ 奥斯卡·雷克斯创作的《拿破仑在圣赫勒拿岛海滩》

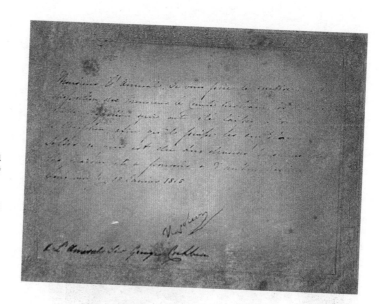

◀ 本杰明·罗伯特·海登的《日落后沉思的拿破仑》描绘了被流放的皇帝正在思考自己的处境

▶ 拿破仑第二次被流放期间写的第一封信

"英法两国政府对这些未遂的营救计划还是严阵以待。"

一言不发。

囚禁拿破仑期间，这里的安全防卫大大增强。更多的大炮架设起来，总共有500多门，且有人日夜把守。加上从英国增派来的部队，岛上的驻军达到2800人，对于一个只有120平方公里、6000平民的小岛来说，这个数字很庞大。有500多名士兵驻扎在圣赫勒拿岛的戴德伍德平原，全方位监控拿破仑居住的朗伍德府（Longwood House）。

朗伍德距詹姆斯敦8公里，有两重防卫。第一重是以府邸为中心半径6公里的范围，拿破仑在其中可以自由地骑马或散步，不受限制。这部分被一圈干燥的石墙围了起来，每50步就有一个哨兵。到了夜里，所有人等禁止出入朗伍德，哨兵们每15步一人在府邸外站岗，他们的步枪已经子弹上膛，也装好了刺刀。第二重是方圆大概19公里的范围，由岗哨和骑马的卫兵守卫。拿破仑必须事先请示，并在英国军官的陪同下才可以走出这一区域。

有一位英军上尉常驻朗伍德，他必须一天两次向总督赫德森·洛（Hudson Lowe）报告确认他见到了拿破仑。未经授权任何人禁止与拿破仑或其随从交流。任何进出朗伍德府的信件首先必须由总督或者他在伦敦的上司——负责战争与殖民地事务的国务秘书巴瑟斯特勋爵（Lord Bathurst）过目。

英军在岛上所有的制高点都设置了瞭望塔。关于可疑动向的信息，可以使用信号旗在岛上传递。所有道路都有人巡逻监视，日落后詹姆斯敦镇外实行宵禁。

圣赫勒拿岛的海岸和周边水域由一个3艘护卫舰、两艘军舰和6艘双桅船组成的海军中队负责防御，中队会在岛屿周边巡逻。远在90公里外的船只，从瞭望塔上便可看到。靠近圣赫勒拿的船只必须由军舰随行，直到得到停靠或驶离的指令。从日落后到日出前，任何船只均禁止驶入或驶出。

一位到过该岛的法国特派员蒙舍努侯爵，曾

▲ 拿破仑在书房中踱着步，向古尔戈将军口述自己的回忆录。夏尔·奥古斯特·施托伊本创作

在给朋友的信中详细描述了这里的安保情况，他写道："逃跑实质上绝无可能。"

但果真如此吗？事实上这条精心设计的防线确有漏洞。拿破仑和他的随从可以贿赂商船的船长，甚至英国军官，从岛上带信出去。欧洲的访客可以为拿破仑偷偷传递信息或者夹带礼物。有几个实例证明有人未经许可进入了朗伍德府。1816年1月，拿破仑骑马时摆脱了护卫，直奔鲍威尔峡谷，那里距海岸不到2公里，没有卫兵把守。但漏洞很快便被堵上。

拿破仑痛恨自由受到限制。他厌恶赫德森·洛，竭尽所能使其难堪。他在朗伍德花了很多时间来观察看守他的人，还威胁谁侵犯他的隐私他就向谁开枪。洛要报告拿破仑的行踪，只能远远地观望，或依赖拿破仑家庭成员的报告来确

认他还在那儿。

不久以后，详细的逃跑计划落到总督手里。一封信被截获，其邮戳显示发信时间是1816年3月，上面提到一条船将"漂浮到岛的后方……船呈旧木桶的形状，这种构造使得两个方向都适合航行，船帆可在船里找到，船身和船帆都将涂成与海洋相同的颜色"。预计拿破仑将沿着绳索滑下悬崖到达这艘船，最终目的地是美国。

1816年7月，赫德森·洛收到巴瑟斯特勋爵寄来的一份急件，上面警告说，一艘叫作"正统扬基人"的私掠船从巴西驶出，其船员意图实施一个计划。这些"肆意妄为、不顾一切的海盗谈到，他们要装备一两条双桅纵帆船，据信他们要派一条船到特里斯坦-达库尼亚（Tristan da Cunha），另一条船在距圣赫勒拿一定距离的海域游弋，作为营救拿破仑的指挥部。如果拿破仑能获知他们的意图，就可以设法驾船出海"。巴瑟斯特命令赫德森·洛派小股部队占领距圣赫勒拿岛1900公里的特里斯坦-达库尼亚，使营救者无法将其用作救援基地。英军也以同样的理由占领阿森松岛（Ascension）。

第二年，前拿破仑皇家卫队成员尼古拉·拉乌在费城告诉法国外交官，拿破仑的长兄（当时也住在费城）命他筹划一个营救拿破仑的计划。他在美国招募士兵和军官。有很多拿破仑的支持者流亡美国，他们购置并装备了两艘双桅纵帆船：一艘在巴尔的摩，另一艘在安纳波利斯。还有一艘船将离开费城前往圣赫勒拿，"目的是观察英军巡逻船的位置及英军的实力，回来后依据

观察报告制定远征行动"。

据拉乌透露，一位法军上校已经带着32名军官前往巴西东北部的伯南布哥（Pemambuco），以便在巴西海岸350公里外的费尔南多·迪诺罗尼亚岛筹建一个演习基地。载有80名军官和700名士兵的美国纵帆船将在这里与变节的英国海军上将托马斯·科克伦勋爵指挥的装备74门炮的舰船会合，该船载有800名士兵及200至300名军官。他们将在三个地点发动攻击：北边的詹姆斯敦、南边的桑迪湾及靠近朗伍德的普洛斯珀洛斯湾。在第一个地点登陆的士兵将分散英军的注意力，在第二个地点登陆的士兵将占领岛上的防御工事，在第三个地点登陆的士兵将解救拿破仑，

将其接到船上带回美国。

但进一步的调查否定了拉乌的很多说法。1817年11月，伯南布哥的一名法国人供认了一个不同版本的密谋："我们打算装备一艘或多艘航速更快的船……要足够大，可以容纳几艘小型蒸汽船。这些船只在驶入圣赫勒拿岛海域后，应与岛屿保持一段适当的距离……然后备好蒸汽船，夜间将其派出，由那些奋不顾身的勇敢者操控，希望他们中的一些幸运者能够成功地让老皇帝重获自由。"当地的英、法官员通知外交部后，开始密切关注美洲的曾在拿破仑麾下的退伍军人。

拿破仑的支持者散布了许多他逃脱的谣言，

▲ 拿破仑被流放圣赫勒拿岛期间的家——朗伍德府

供养拿破仑的成本

拿破仑带着24名随员到达圣赫勒拿，其中包括伯爵、将军以及他们的妻子、儿女和仆人，所有这些人都需要供养。英国政府规定，拿破仑一年的家庭支出不得超过8000英镑——即英国最高级别的将军的津贴数目。但不久以后，供给朗伍德的支出就飙升到大约20000英镑。这一方面是因为大批人口拥至圣赫勒拿岛，造成这里物资供应短缺及物价疯涨；另一方面也是因为拿破仑随员们的铺张浪费。

每天，供给官必须准备"90磅牛肉、6只鸡、74磅面包、5磅黄油、2磅猪油、9磅糖、1¼磅咖啡、1磅茶、9磅蜡烛、30个鸡蛋、1磅奶酪、5磅面粉、7磅咸肉、2¾英担柴火、3瓶啤酒、蔬菜、水果、油和醋、7瓶香槟或格雷夫斯酒、1瓶马德拉酒、1瓶康斯坦蒂亚酒、6瓶普通红酒，而且每个仆人每天也有权获得1瓶开普或加纳利红酒"。

每两周提供以下物资："8只鸭子、2只火鸡、2只鹅、2个塔糖、半袋米、2根火腿（重14磅）、45蒲式耳煤炭、7磅黄油、盐、芥末、胡椒、酸豆、灯油、豌豆、4英镑的鱼、5英镑的牛奶。"

拿破仑所消耗的酒量令英国大为震惊，并成为下议院讨论的议题。除去孩子和仆人，拿破仑家中有9名成人，外加拿破仑。在两周时间里，他们喝掉了266瓶葡萄酒（差不多每人每天两瓶）和42瓶黑啤酒。

总督赫德森·洛坚决要求拿破仑节俭一些。为表示抗议，拿破仑指示他的下属把他从法国带来的一些银质餐具卖掉。其实他根本不穷，这样做就是为了显得英国很小气。洛最终成功说服巴瑟斯特勋爵将拿破仑的津贴提高到每年12000英镑。

与囚禁拿破仑的相关支出规模相比，圣赫勒拿岛政府的津贴就太少了。这份津贴要支付新增部队的工资和伙食、新增的军械、总督的薪水（12000英镑，其中包括洛一家的津贴）以及海军中队的开销。据估算，1816年将拿破仑囚禁在圣赫勒拿岛上的年度费用（包括拿破仑增加的津贴）为96032英镑。相当于今天的7884300英镑。拿破仑在圣赫勒拿岛上待了5年半，囚禁他的总支出高达4340万英镑。

▲ 安东尼奥·博纳维塔1819年写的信，涉及供给拿破仑一世的物品

其目的可能是威吓欧洲各国政府并维持自己的希望。1818年11月，又一个拿破仑逃跑密谋的消息传到伦敦，一家报纸评论道："这个世界的祸端仍然引起公众这么多的关注，令人难以置信。"

即便如此，英法两国政府对这些未遂的营救计划还是严阵以待，尤其是考虑到欧洲当下的局势。1820年9月，巴瑟斯特向洛发出了最严厉的预警："看了你最近提交的关于拿破仑与其随员动向的报告，我怀疑，他开始认真考虑逃离圣赫勒拿岛的行动了。况且，他近来会收到欧洲正在流传的消息，这些都会对他产生鼓舞。那不勒斯政府被推翻以后，革命的精神逐渐传遍意大利，而法国则政局动荡，这些一定会刺激他的神经。很显然，危机正在快速逼近，如果他的逃跑得以实现，危机便会真正到来。他的支持者正在积极活动，这毋庸置疑；如果他愿意铤而走险，一定不会放过这样一个逃跑机会。"

"到底采用何种手段、何种方式来实现企图，我无法判断。但在朗伍德的风暴不会悄无声息地过去，这一点我很满意。波拿巴将军有资金可以掌控；他的支持者人数众多；他有与他人沟通的渠道，这些渠道曾被你偶尔拦截到但无法全部拦截；时局对于这种企图也很有利；况且，他习惯于追求冒险的行动，我无法说服自己相信拿破仑会放弃一个结果有利且可能成功的行动。"

当时传言中的最离奇的阴谋是使用潜艇去解救拿破仑。这种手段并不像听起来那么不可思议，早在17世纪，能短时间在水下航行的舰艇已经制造出来了。美国独立战争期间，一艘美国潜艇曾试图炸翻英国舰船，结果没有成功。1800年，拿破仑做第一执政官时，美国的发明家罗伯特·富尔顿在法国进行了几次成功的潜艇实验。后来拿破仑取消对他的支持，他便移居英国，可能遇到过爱尔兰的投机分子托马斯·约翰逊（Thomas Johnson）。富尔顿回到美国后，约翰逊声称得到了富尔顿的图纸，认为自己有能力将潜艇造出来。

在1812年战争期间，英国政府委托约翰逊建造一艘潜艇，他显然付诸实施了。1820年初，一些军官去考察这艘潜艇是否值约翰逊所要的10万英镑，结果他们只支付给他不到5万英镑。

约翰逊后来声称建造了两艘蒸汽动力的潜艇，即"雄鹰号"和小一点儿的"埃特纳号"，用来营救拿破仑。他打算让装备了20枚水雷的两艘潜艇停靠在朗伍德附近的岸边，白天下潜，晚上浮出水面。"如果一切正常，我会到岸上去，带上一些小物件，比如一团结实的绳索、一根铁闩，我可以借助这些从朗伍德府对面与潜艇平行的岩石顶部滑到地面上。我会向陛下介绍我自己，告诉他我的计划。"

约翰逊的计划是，他和拿破仑都要化装，

▲ 赫德森·洛，圣赫勒拿总督，令拿破仑厌恶的监狱长

将拿破仑沿着悬崖的一边放下去，登上"埃特纳号"，然后他"放开缆绳，将其拖至'雄鹰号'的旁边，然后……在天黑前尽快出发。我应该用蒸汽驱动船只直到完全远离圣赫勒拿岛，然后再竖起桅杆，扬起风帆，驶向美国。我想不会有恶意的船只阻挡我们前进……当遇到袭击的时候，我会放下船帆，收起桅杆（这个过程只需要40分钟），然后潜入水底。我们会在水下等待敌船的靠近，然后在小'埃特纳'的协助下，将水雷贴到敌船底部，15分钟后将敌船炸毁"。

约翰逊可能在1820年底确实造出了一艘潜艇。画家沃尔特·格里夫斯宣称，在切尔西拥有一家船坞的父亲曾说："有一艘神秘的船试图潜入水下……要把拿破仑从圣赫勒拿岛解救出来。因此，11月的一个漆黑夜晚，这艘船顺流而下，试图从伦敦桥下通过。这时，几位军官登上这艘

▲ 威廉·奎勒·奥查森爵士1880年的画作《"柏勒洛丰号"上的拿破仑》

船，约翰逊船长立即威胁向他们开枪。但军官们毫不在乎，他们控制住这艘船并将其摧毁。"约翰逊1821年自己声称："当流放皇帝的死讯传来，这艘船的制造已经到了镀铜阶段。"

既然约翰逊及其他潜在的营救者都想方设法要去往圣赫勒拿岛，那么拿破仑愿意冒着生命危险逃跑吗？

根据拿破仑在圣赫勒拿岛的随员回忆，流放的皇帝考虑了几个推荐方案，但最后都拒绝了。他评价其中一个方案时说，他"相信这个方案会成功，但他不与命运对抗的决心也是不可动摇的，他必须坚持拒绝这个提议"。更重要的是，拿破仑认为化装或者像一个普通罪犯那样躲藏有辱他的尊严。拿破仑死后，在圣赫勒拿岛陪伴他的亨利·贝特朗（Henri Bertrand）和夏尔·蒙托隆（Charles Montholon）两位将军告诉霍兰

勋爵（Lord Holland）："如果需要隐瞒、伪装或身体受委屈才能做到，那么他永远也不会做，他就是这么一个人。如果不能戴着帽子，挎着佩剑登船，他绝不会放手一搏。"

他的另一位随员，加斯帕德·古尔戈（Gaspard Gourgaud）将军告诉俄国派到圣赫勒拿的特派员巴尔曼伯爵，拿破仑能"去美国，什么时候想去都可以"。当巴尔曼问到拿破仑为什么没去时，古尔戈回答道："尽管他在这儿不开心，但显而易见，他被如此严密地看守，欧洲的列强也一直在关注他，他暗地里很享受被重视的感觉。他有几次曾告诉我：'我不能以平民的身份活着。我宁愿做一个囚犯，也不要美国的自由。'"

根据蒙托隆的说法，拿破仑担心如果去美国会被暗杀或被遗忘。他也憧憬着伦敦政府或

▲ 拿破仑在朗伍德府去世

法国政府出现变局可以结束他的被囚状态。他告诉古尔戈："路易十八死的时候会有大事发生。如果霍兰勋爵日后担任英国首相，就会把我接回欧洲。但我最希望的是摄政王去世，这样就会把年轻的夏洛特公主推上王座，她也会让我回欧洲的。"

1821年5月5日，拿破仑带着重返法国的梦想在圣赫勒拿岛去世，享年51岁。19年后，他的遗体终于离开这座小岛，被运回法国，安葬于巴黎荣军院。

一位皇帝的挽歌

1821年5月5日拿破仑死于圣赫勒拿岛，享年51岁。
尽管一些历史学家对拿破仑的历史遗产持否定态度，
但他的传奇仍然家喻户晓。

香农·塞林 / 文

　　拿破仑刚搬进朗伍德府不久，就开始抱怨身上的各种小毛病，包括头痛、发烧、便秘、腿部浮肿和胃痛等。医生认为他得了肝病。但是，赫德森·洛总督却认为拿破仑在装病，找借口离开圣赫勒拿岛。

　　1821年1月，拿破仑的身体明显衰弱了，他胃部的疼痛也在加剧。他失去了食欲，不想梳洗打扮，也不再出门了。令周围人不安的是，他几乎拒绝所有的药物治疗。他最偏爱的理疗就是热水浴。4月17日，拿破仑告诉英国外科医生阿奇博尔德·阿诺特，医学对他已不再起作用了，他说："我知道我还没有任何死亡的迹象，但是我的身体太虚弱了，无须用炮弹来杀死我，一粒沙就足够了。"亨利·贝特朗写道："眼泪充满

了我的双眼，我看着这个人，过去他多么令人敬畏，他曾号令千军，豪情万丈，独步天下！如今却卑微到要乞求一小勺咖啡……他一遍又一遍请求，却无法得到。"

　　5月4日夜里，拿破仑痛苦不堪，不断打嗝、呕吐，他已经精神错乱了。尽管有好几个人在他身边，但他们都很难分辨出他在说什么，因而对于拿破仑的遗言有些分歧。但所有见证人都同意他说的与军队有关，可能是"tête d'armée"（军队的首领）。第二天早上，拿破仑陷入无意识状态。1821年5月5日下午5点49分，他咽下了最后一口气。

　　6日下午，拿破仑的私人医生弗朗索瓦·安托马尔基在包括阿诺特在内的7位英国医生的协

"尸体被置于四重密封的棺材里面，四个棺材一层套着一层。"

▼ 拿破仑在圣赫勒拿去
世。夏尔·奥古斯特·施
托伊本1825年绘制

▲ 在霍勒斯·韦尔内1826年的画作中，拿破仑头戴月桂花冠躺在临终的床上

助下进行了尸检。他们的结论是，拿破仑死于胃部癌变。尽管后来的传言披露，拿破仑是被人用砒霜毒死的，但并无证据证实。2008年，对拿破仑头发样本的检测也未发现他在圣赫勒拿最后日子里头发中的砒霜水平跟他在科西嘉少年时代的有什么差异。

5月7日，英国外科医生弗朗西斯·伯顿在安托马尔基的帮助下，用蜡或石膏制作了一个拿破仑的脸部模型。几件拿破仑遗体面模据称都是出自这个模型，但之后模型便损毁了。保存在马

尔梅松城堡的拿破仑面模是其中最清晰的一件，制作时间是1821年8月，很可能是通过原始面模复制出来的第一件。依据这张面模，大量拿破仑面模的塑料或青铜复制品问世。

拿破仑身上穿着他最喜欢的皇家卫队轻骑兵上校的绿白两色制服，戴着他标志性的黑色两角帽。由于担心盗墓者破坏，洛总督试图使拿破仑的坟墓尽可能安全。两个分别装有拿破仑心脏和胃的银瓶与尸体被置于四重密封的棺材里面，四个棺材一层套着一层。第一层是锡制的，第

"四层棺椁一层层打开，拿破仑的遗体显露出来。"

▲ 1840年让−皮埃尔−玛丽·雅泽特创
作的这幅肖像画描绘了拿破仑如同基
督一般从他的坟墓中走出来

拿破仑二世短暂的一生

▲ 拿破仑的儿子拿破仑二世，同时也是罗马国王、帕尔马侯爵、莱希斯塔德公爵。托马斯·劳伦斯1818—1819年绘制

1811年3月20日，皇后玛丽·路易丝在经历一段艰难的分娩之后，拿破仑唯一的合法子嗣拿破仑·弗朗索瓦·约瑟夫·夏尔·波拿巴出生。拿破仑给予了这个孩子罗马国王的头衔，也毫不吝惜地赐予他礼物、仆人和关爱。

法国宫廷的奢华生活于1814年走向终结。拿破仑被流放到厄尔巴岛后，玛丽·路易丝带着她的儿子搬到了她父亲的奥地利宫廷。1815年拿破仑返回法国时，他们没有与他团聚。

滑铁卢战役失败后，拿破仑逊位于拿破仑二世，他理论上的统治时间为6月22日到7月7日，直到联军进入巴黎、路易十八复辟。当玛丽·路易丝成为帕尔马女公爵时，她的儿子承袭了帕尔马侯爵的头衔。他并没有与他的母亲住在一起，而是在维也纳外祖父弗朗茨一世的呵护下长大成人。

弗朗茨一世把这个小男孩称作弗朗兹，并在1818年赐予他莱希斯塔德公爵的封号。弗朗兹最大的愿望就是参军。当外祖父安排他去军队见习，允许他穿上制服时，他很开心。1831年，他成为一名中校，受命指挥一支步兵营。但因为感染肺结核，他的军事生涯戛然而止。1832年7月22日，他在美泉宫去世，年仅21岁。在最后的日子里，他曾说："我出生了，我死去了，这就是我的全部故事。"

二层是红木的，第三层是铅制的，第四层也是红木的。

在拿破仑的遗嘱里，他要求埋葬在"塞纳河畔，在他深爱的法国人民中间"。他告诉他的随员，如果安息在圣赫勒拿，他希望埋葬在基兰涅姆山谷（现在的塞恩山谷）中。那里柳生溪畔，宁静悠然，朗伍德的饮用水便取自流经此地的小溪。

5月9日，一场葬礼弥撒在朗伍德府举行。拿破仑沉重的棺椁被抬上一辆马车。灵车由4名车夫引着4匹马拉着，旁边有12名英国掷弹兵护卫，拿破仑的家族成员、洛总督和他的下属、士兵、海军军官以及圣赫勒拿的头面人物跟在灵车后面。英国驻岛的大约2000名士兵在通向山谷的路旁列队送别，他们枪口倒转，旗帜降低，军乐队演奏着哀伤的乐曲。港口的军舰鸣响礼炮，岸上的火炮也做出了回应。

在墓前，人们朗诵祷词，而后将棺材放入砖石砌成的墓穴，拿破仑的脚指向东方。排炮连放三次，每次15发。葬礼过后，人群冲向墓旁的绿柳，折柳枝作为纪念。

墓穴用一块巨石封顶，上面再盖上砖头、水泥、粘土和更多的石头。墓石上没有铭文。拿破仑的法国随员希望铭文上写"拿破仑"以及他的皇室头衔，赫德森·洛则坚持写符合将军身份的"拿破仑·波拿巴"，法国人没有同意，结果坟墓成了无名墓。

拿破仑在圣赫勒拿埋葬了19年。尽管英国认

"拿破仑希望长眠在塞纳河畔的愿望终于实现。"

▲ 1855年维多利亚女王到访拿破仑在巴黎荣军院的第一墓地。爱德华·马修·沃德绘制

为他们只是暂时保管拿破仑的尸体，但法王路易十八和他的继任者查理十世都无意将拿破仑的遗骸迎回法国，他们不想再次激起拿破仑支持者的情绪。甚至在1830年查理十世被推翻后，奥尔良公爵路易·菲利普成为法国国王，他也对拿破仑遗骸的回归不感兴趣。历史学家阿道夫·梯也尔（Adolphe Thiers）担任法国首相与外相时，顶住压力说服了路易·菲利普，使他不情愿地支持迎回拿破仑的遗骸。当时梯也尔正在撰写20卷的历史著作《执政府与法兰西帝国》。他认为拿破仑遗骸的回归是重塑那一阶段声望的好时机，可以团结法国人民，增加政府的支持度。

1840年10月8日，由路易·菲利普的儿子儒安维尔亲王率领的远征队到达圣赫勒拿岛。10月15日，在曾参与葬礼者的见证下，拿破仑的

墓地被打开，发掘者一直挖到夜里才清除墓穴上面的石头、水泥和砖块层。10月16日，棺椁被提升出来。四层棺材一层层打开，拿破仑的遗体显露出来。官方报告写道："他的面部特征几乎没有改变，认识他的人都一下子辨认出他的脸，

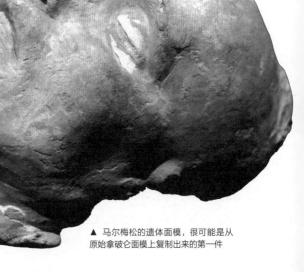

▲ 马尔梅松的遗体面模，很可能是从原始拿破仑面模上复制出来的第一件

▲ 1840年10月，拿破仑的棺椁在圣赫勒拿岛被打开的瞬间。尼古拉-厄斯塔什·莫兰绘制

就像他活着的时候一样。放在棺材里的物品依然完好如初。令人不可思议的是，双手竟然保存完好。制服、勋章、帽子都几乎没有什么变化。他整个人呈现的样子，就好像不久以前才下葬。"

确认拿破仑的遗体还在后，棺材被重新盖上并密封。原来的棺材被放置在一个从巴黎运来的铅制新棺中，然后焊接封闭，接着放入一个新的黑檀木棺材里，锁闭后再放入一个橡木箱子。全套下来，总重达1200公斤。

11月30日，"美丽少女号"护卫舰载着拿破仑的遗骸抵达法国。12月15日，沿着塞纳河悠然地航行了一段旅程后，拿破仑的棺椁被转移到一架16匹黑马牵引的巨大灵车上。灵车通过凯旋门沿香榭丽舍大街行进，街道两旁装饰华丽，人潮拥挤。一家报纸报道说："当灵车出现的时候，旁观者的兴奋之情简直无法形容。由衷的欢呼荡漾着整个人群，有几个人举着帽子高喊'皇

帝万岁'，但大部分人似乎把所有的欢呼都献给了灵车，那气势恢宏的灵车完全可以说是冠绝当代。"

队伍一路行进到荣军院的圆顶教堂，王室、大臣、贵族、议员已经聚集在那里。儒安维尔亲王站在棺椁前对父亲说："我把拿破仑皇帝的遗体呈给您。"路易·菲利普回答道："我以法兰西之名接收。"拿破仑的佩剑与帽子被放置在棺椁上，站在第一排的老兵们深深为之动容。弥撒仪式开始，全程伴着莫扎特的《安魂曲》。拿破仑长眠在塞纳河畔的愿望终于实现了。

拿破仑的遗骸在荣军院的圣哲罗姆礼拜堂停放了20多年。1861年，一个新的红色石英石棺完工；当年的4月2日，拿破仑的遗体（仍在棺椁中）被迁葬到新的坟墓。迁葬在一个秘密的仪式下进行，拿破仑三世、拿破仑的直系亲属、政府大臣和高级官员参加了该仪式。这座坟墓就在荣

军院的穹顶之下，拿破仑在那里安息至今。

1821年7月，拿破仑逝世的消息传到伦敦，《泰晤士报》评论道："纵观历史，拿破仑比以往任何伟人都拥有更强的掌控能力，他将为后人所铭记，但他的巨大力量也的的确确给同胞们带来了严重的伤害与苦难。"在巴黎，一份自由派的报纸评述道："历史作为一位公正的法官，会证明拿破仑为建立社会秩序做出的突出贡献……事实一定立于他的坟墓之上；让我们毫不犹豫地说，圣赫勒拿岛的囚徒就在伟人之列。"

历史学家们对于拿破仑历史贡献的评价存在分歧。有些人认为，他把法国从大革命的动荡中解救出来，实现了政府的现代化，将法国发展成欧洲军事实力最强的国家。他们的注意力集中在拿破仑的制度性成就上，其中包括《拿破仑法典》，它已成为法国、比利时及前法国殖民地的法律系统的基石。他们还关注到拿破仑沿用至今的其他创新，包括通过任期制实现对法国各部门的集中控制，构建公立中学体系，建立法兰西银行以及组建宪兵队等。他们指出，拿破仑具有高超的军事指挥才能，他指挥的60场战役赢得了52场。

但在另一些人看来，拿破仑则是损害大革命成果的人。他开历史倒车，退回君主制，使法国受累于贪婪的新贵族；他实行冷酷无情的外交政策，导致法国的衰败与破产。他们指出，死于拿破仑战争中的人数约为350万到600万，还有数百万人负伤。他们注意到很多城市、乡镇和村庄被洗劫、轰炸或者焚毁，成千上万人流离失所，还有很多妇女被大军团奸污。他们呼吁人们注意在拿破仑对其征服的领土上习俗和秩序的破坏，对欧洲经济生活造成的损害以及法国海外殖民地的丧失。1938年，后来成为法国总统的夏尔·戴高乐写道："拿破仑留下了一个遭到压迫、侵略，热血和勇气都被榨干的法国，其面积也比他掌控法国命运的时候小得多。他使法国因不当的扩张而遭受谴责，他使法国失去欧洲的信任，时至今日法国仍背负着这种压力。"

▲ 1840年12月拿破仑的遗骸抵达巴黎。亨利−费利克斯−埃马纽埃尔·菲利波托绘制

▲ 拿破仑的葬礼队伍吸引了大量人群

▲ 拿破仑如今在荣军院穹顶下的坟墓建成于1861年，由路易·维斯孔蒂设计

不管历史学家的观点如何，拿破仑长久以来一直吸引着大众的想象。他的标志性两角帽为全世界所熟知。作为一个在世界舞台上起过决定性作用的个体，拿破仑被许多人当成英雄来崇拜。200多年来，他已经激发了很多艺术家、音乐家和作家的灵感。他的名字和形象已被用于销售从抗酸剂到葡萄酒的各种产品。拿破仑如同神话人物的声望是无与伦比的。他是一个雄心勃勃、能力超凡的人，他一路攀登至成功的顶峰，然后如普罗米修斯一般被缚在一块岩石上。用19世纪末的英国首相罗斯伯里勋爵的话来说："没有一个名字能如此彻底、鲜明地代表着统治、辉煌和灾难。他运用过人的胆识使自己平步青云，但也由于滥用这种能力而毁灭了自己。他毁于对自己天才的恣意放任。没有什么力量可以与那股既助其崛起又致其衰落的力量相匹敌。"

▲ 拿破仑在圣赫勒拿岛的空墓穴依然留在那里，1858年，墓地所在的土地为法国政府收购

"作为一个在世界舞台上起过决定性作用的个体，拿破仑被许多人当成英雄来崇拜。"

自封的继承人

▲ 拿破仑的侄子路易-拿破仑·波拿巴成为皇帝拿破仑三世。亚历山大·卡巴内尔1865年前后画

　　1808年4月20日，路易-拿破仑·波拿巴出生，他是拿破仑的弟弟路易与约瑟芬的女儿奥尔唐斯不幸婚姻里最小的孩子。拿破仑二世去世后，他自称是拿破仑帝国的继承人。

　　1836年，他发动政变推翻国王路易·菲利普未果；1840年又一次尝试失败，他被捕入狱，但后来化装逃出前往英格兰。1848年，路易·菲利普被革命推翻，路易-拿破仑回到法国，被选为第二共和国总统。

　　受宪法所限，路易-拿破仑只有一个任期，但1851年他粗暴地夺取了独裁的权力。1852年12月2日，路易-拿破仑正式成立法兰西第二帝国，以拿破仑三世的身份登上了帝位。他逐步实现了法国经济和基础设施的现代化，其中包括巴黎的大规模重建。他也提升了法国在欧洲的影响力：他在克里米亚战争中与英国结盟对抗俄国，还帮助意大利人将奥地利人逐出意大利。虽然拿破仑三世使法兰西的海外帝国面积翻了一番，但他入侵墨西哥，试图扶植亲法国的君主政权，却最终遭遇溃败。1870年9月4日，他的军队在普法战争中的失利导致他统治的落幕。

　　当拿破仑三世在色当战役中投降被俘的消息传到巴黎时，立法机关投票罢免了他，并宣布建立法兰西第三共和国。拿破仑三世和他的妻子流亡英格兰。1873年1月9日，拿破仑三世在奇斯尔赫斯特去世。

图片来源

99	Freevectormaps.com; Corbis
129	Images: Alamy
131	Images: Alamy
139	Images: Alamy
141	Images: Alamy
149	Images: Alamy
157	© Rocio Espin
163	Images: Alamy
181	© The Highlander's Museum; Photography Relic Imagaing Ltd
184	© Lancashire Infantry Museum. Photography Relic Imaging Ltd
187	© English Heritage / Apsley House